아버지의 뒷모습

아버지의 뒷모습

정창원 수필집

수필과비평사

| 추천사 |

한 패밀리스트의 휴먼 스토리
― 정창원 수필집 『아버지의 뒷모습』에 부쳐

권대근 (문학박사, 대신대학원대학교 교수)

'살아서 천 년 죽어서 천 년'이라는 주목나무 허리는 1년에 1mm 정도 굵어지는데, 100년 동안 자라도 키는 고작 10m 정도, 허리둘레는 약 60cm 정도 남짓이라고 한다. 이러다가 100년이 되는 시점에서 급격히 성장하기 시작한다. 본격적인 성장의 발판을 마련하고 전열을 정비하는 데 초기 100년을 사용하는 것이다. 정창원 작가의 성장의 역사는 주목나무를 닮았다. 사람의 주목을 끌려면 사람의 주의를 집중시킬 감동적인 스토리가 있어야 한다. 감동적인 휴먼 스토리는 천 년을 사는 주목나무처럼 자신의 위치에 대해서 불평하지 않고 언제나 그 자리에서 최선의 노력을 다할 때 저절로 따라오는 법이다.

나는 인간의 여러 모습 중에서 가장 아름다운 모습은 주어진 운명에 순응하려는 몸짓이라 여긴다. 바로 삶의 이법에 따르려는 겸허한 생의 자세가 중요하다.

정창원 수필가가 이 수필집 『아버지의 뒷모습』을 통해 던지는 메시지는 무엇일까. 이 수필집의 감상 포인트는 그 지점을 잘 파악해 내는 데 있을 것이다. 산다는 것은 현실에서 멀리 떨어져 나가려는 원심력과 그것과 대치되는 구심력의 절묘한 반복이라고 할 수 있다. 그 줄다리기의 위험한 연속행위와 갈등 속에서 오랜 시달림과 방황 끝에 마침내 구심력을 향해서 돌아오는 동작구조, 그 회귀행위의 근저에는 스스로 낮추고 한없이 겸허해진 자아가 자리 잡게 된다. 그 겸허한 모습은 자신의 모습 가운데서 가장 아름답고 소중한 진수이며 삶의 영롱한 에센스가 될 것이다. '아버지의 뒷모습'으로부터 얻은 세상은 가장 아름답고 소중한 삶의 영역이며 저자의 지친 영혼이 안주할 수 있는 터전이 된다. 이 수필집을 읽고 나면, 거친 주름의 파도를 넘어 우리의 영혼이 가장 낮은 자제로 임하게 되는 지점이 바로 순리의 삶임을 알 수 있을 것이다.

정창원 수필가의 첫수필집 『아버지의 뒷모습』의 최고 장점은 가족의 숨소리까지도 세밀하게 그려져 있어, 진솔한 글맛을 안겨준다는 것이다. 정창원은 며느리를 통해, 아내를 거쳐, 아버지의 성실한 삶을 존경한다는 두 아들의 소리를 들어왔다. 작은아들은 대기업 인턴 자기소개서에서 "아버지는 저의 롤모델입니다. 아버지께서는 한 회사에 30년 넘게 근무하셨는데, 성실함을 꾸준하게 유지하셨고 자기발전을 위해 항상 집에 오시면 공부를 하셨습니다. 삶의 자세가 무엇인지 몸소 행동으로 저에게 보여주셨습니다."라고 썼다고 한다. 두 아들은 인정받는 자신들의 모습은 사실 아버지를 통해 배웠다고 고백하고 있다. 작가 역시 수필집에서 아버지에 대한 그리움과 존경을 퍼 올린다. "아버지는 이 세상에 계시지 않지만, 아버지의 삶 모습은 나를 통해 어느 결에 두 아들에게까지 이어져 강물처럼 흐르고 있다. 이런 아버지의 뒷모습은 세상의 어느 것과도 바꿀 수 없는 빛나는 유산이다. 장맛비가 멎은 청명한 하늘 아래서, 아버지를 목타게 부르고 싶다는 정창원의 수필은 한마디로 백지 위에 쓴 내출혈의 독백같이 붉고 처연하다.

정창원 수필가는 한일장신대학교 문학동아리 '어두문학회' 지도교수인 시인이자 수필가인 최재선 지도교수와의 인연으로 유네스코부산 우수잡지로 선정된 바 있는 계간 〈에세이문예〉를 통해 등단한 바 있다. 등단한 지도 얼마 되지 않는 지점에서 볼 수 있는 수필집은 수많은 사연이 점철된 한 편의 거대한 서사시가 되어 강물처럼 출렁이고 있다. 『아버지의 뒷모습』은 평범한 작가가 일상에서 체험한 아픔과 슬픔, 몸부림과 굶주림을 진솔하게 쓴 결과이기 때문에 우리에게 큰 감동을 주는 것 같다. 창작의 원료는 작가의 아픔과 슬픔이다. 위대한 시작은 본래 있는 게 아니다. 자신에게도 분명 때가 있을 것이라고 믿으면서 오늘도 유년시절의 암울했던 가족사와 함께하면서 겪은 좌절의 눈물을 원료로 글을 쓴 수필이기에 어쩌면 진정한 의미에서 수필다운 수필이라고 할 수 있을 것이다. 〈부부로 사는 것〉에 대한 의미를 풀어놓은 글을 읽으면, 본격수필의 멋과 맛을 느낄 수 있다. 수필시학이 제대로 작동하고 있는 이 수필 한 편의 문학적 성취를 살펴보면, 그의 문재와 역량을 파악할 수 있고, 이 작품집의 품격도 어느 정도인지 짐작할 것이다.

같은 장소에서 부부가 일하다 보면, 괜한 일로 감정이 날 설 때가 가끔 있다고 한다. 그날도 그런 날이었나 보다. 때맞춰 비까지 내렸다니. 까치울 마을 담벼락에 고개를 삐죽이 내민 장미가 작가의 마음을 어떻게 위로해줬을까. 비닐우산에 떨어지는 빗소리를 오선지에 그리며 마음을 다독였다니 다행이다. 카페에서 마주 앉은 친구 같은 커피를 한 잔 마시면서, 남편에게 문자를 먼저 했다는 대목에 이르러 마음이 놓였다. 해납백천海納百川의 마음일 것이다. 해납백천海納百川은 중국 진晉나라 원굉의 『삼국명신송』에서 나온 말이다. "모든 물줄기는 바다를 향하고, 바다는 거부하지 않고 받아들인다."라는 뜻이다.

지금까지 살아오면서, 아내와 여러 가지로 갈등을 겪었다. 젊었을 때는 얕은 시냇물처럼 조그마한 돌멩이를 지날 때도 날 시퍼런 소리가 요란했다. 세월이 흘러가면서 서로의 강물도 깊어지고 이런저런 돌멩이도 둥글둥글해져 평안하게 흐른다. 가끔 아내가 던지는 일상의 대화가 날 선 돌멩이로 날아와 마음의 강에 파문을 일으킨다. 애써 숨기려 해도 말투와 표정에서 표시가 난다. 내 감정이 물 밑으로 가라앉으면, 아내가 쫌생이라고 놀린다. 아직 내 마음의 깊이가 부족한 것 같다. 깊은 강물은 어떤 돌멩이가 던져져도 소리 없이 제 갈 길을 간다. 최재선 시인은 「노부부」라는 시에서 "몰아쉰 가쁜 숨결 / 오로지 한몸으로써/ 엮여 걷는 연리지"라고 했다.

— 정창원 〈부부로 사는 것〉 중에서

한 직장에서 같이 근무하다 보니 생기는 부부가 갈등을 해결하는 법을 고전에서 찾고, 최재선 시인의 시 〈노부부〉에서 찾아 앞으로 남은 길을 두 손 꼭 잡고 가야 할 이상적 부부상을 펼쳐내고 있는 이 수필에서 그는 "어떤 날카로운 삶의 돌멩이가 날아와도 너그럽게 품는 마음의 평수를 넓혀야겠다.'고 다짐하고 있다. '주방에서 아내가 마디마디 갈라진 손으로 설거지한다. 아내를 살며시 안아주고 싶다."라고 마무리한 이 수필 한 편만 보더라도, 그의 수필이 보여주는 삶의 무늬가 얼마나 멋진지 알 수 있으리라 본다.

그의 수필에 대한 열정과 삶에 대한 의지 그리고 좀 더 나은 사회를 만들어 나가려는 작가정신은 어떤 다른 수필가보다 깊고 더 크다고 하겠다. 따라서 평자는 그가 힘든 시간을 투자해서 만든 체험의 기록이자 성장서인 『아버지의 뒷모습』이 독자에게 접근성은 물론이거니와 효용성과 감동성에 있어서도 좋은 평가를 받으리라 확신한다. 왜냐하면 이 책은 진솔한 자기 고백과 휴머니즘에 깊이 뿌리를 내리고 있기 때문이다.

  이 책을 읽는 즐거움은 우리 삶을 즐겁게 변주해 나가는 독자의 가슴 따뜻한 내면 풍경을 들여다보는 데 있을 것이다. 애정을 가지고 읽으면 누구나 사람답게 살아가는 길을 찾게 될 것으로 믿어 의심치 않는다. 어떤 상황에서도 가족의 존재 당위를 더욱 뚜렷이 해야 한다는 각오가 문맥 곳곳에 담겨있는 듯해서 좋다. 정씨는 지독한 패밀리스트다. 그의 어머니, 아버지, 아내, 아들의 이야기가 수필 안에 가득 차고 넘친다. 첫 수필집에 담아 놓은 유년시절, 달려온 역사, 성장의 역사를 가득 채운 이들의 감동적인 스토리가 이를 증명하고 있다.

  이 책은 현실 극복의 역사와 성장사의 바탕 위에서, 자신의 체험사를 높은 감성의 언어미학으로 빚어내었다. 다양한 읽을거리가 구수한 입담을 통과하면서 서늘한 감동을 자아내기에 한마디로 이 책은 영혼의 분비물이다. 수필집 출간을 계기로 해서 큰 작가로 성장해나가길 빈다.

| 작가의 말 |

난 이 책의 영원한 독자

숨을 턱턱 막히게 했던 여름의 뜨거운 열기도 세월의 흐름 앞에서 무너져 내렸다. 침대에 누워 계시는 어머니를 바라보며 또 하루가 지나간다. 지난 2년 동안 써왔던 내 이야기를 책으로 엮는다. 마치 속살을 드러내는 것 같아 부끄러운 마음이 앞선다.

40여 년의 직장생활을 한 엔지니어가 삶의 흔적을 글로 옮긴다는 것은 녹록지 않았다. 초반에 쓴 글은 사유가 깊지 않고 다른 글을 인용한 게 많다는 핀잔을 들었다. 어떤 친구는 사유의 결정체를 듣고 싶다고 전화했다. 글감을 찾고 경험을 되새기며 삶을 반추했다. 가족의 아픔을 하나둘 드러낼 때 아내가 싫은 기색을 했다.

셀리 리드의 『흐르는 강물처럼』에서 주인공 빅토리아는 미혼모로서 삶의 역경을 헤쳐나간다. "흐르는 강물처럼 나 역시 나를 다른 존재와 이어주는 작은 조각을 모으면서 살았다."라는 고백이 가슴을 울렸다. 나 자신의 성취감을 위해 막힌 곳을 뚫어 가며 흐르고 또 흘렀다. 인생의 작은 조각, 조각에 달라붙어 있는 이끼를 하나둘 털어 냈다. 그동안 미처 달래주지 못했던 아쉬움과 누군가에게 하고 싶었던 말을 주섬주섬 글에 담았다. 때로는 반성하며 앞으로 살아가야 할 다짐을 그렸다.

글과 함께하는 여행길로 이끌어 주고 방향을 잃지 않게 나침판이 되어준 친구 최재선 교수에게 고마움을 전한다. 점심시간에 함께 산책하며 자신의 이야기를 진솔하게 쓰라며 채찍질해 주신 김병묵 고문께 감사드린다. 뒤뚱거리며 걸음마하는 모습으로 졸작을 하나둘 SNS 대화방에 올릴 때마다 댓글로 격려해 준 지인, 특히 순천고 27회 여러 친구에게 감사를 전하고 싶다.

40여 년 동안 직장생활이 바쁘다는 핑계로 따뜻하게 하나하나 챙겨주지 못한 두 아들 재환, 운종에게 미안함을 전하며, 그동안 하고 싶었던 말을 글 속에 새겼다. 새벽에 출근하는 남편의 아침 식사를 꼬박꼬박 챙겨준 사람. 삼한사온처럼 변하며 쏟아내는 못된 성깔을 참아내며 40여 년 동안 가족을 지켜준 사람, 아내 조정민. 여생은 아내를 위해, 아내와 함께 손 꼭 잡고 살아가야겠다는 다짐을 녹여 본다.

마지막으로 이 책을 자주 뒤척이며 살고자 한다. 가슴 속 깊이 잠겨 있는 아픔의 응어리는 감히 건들지 못했다. 목표를 향해 거침없이 강물은 흘러갔다. 질풍노도 같은 강물에 생채기가 난 크고 작은 조각을 어루만지련다. 앞으로 살아갈 의미를 되새기는 지표로 삼으련다.

2025년 1월 어머니 곁에서 정 찬 원

| 목차 |

- **추천사** 한 패밀리스트의 휴먼 스토리
  권대근 (문학박사, 대신대학원대학교 교수) - 4

- **작가의 말** 난 이 책의 영원한 독자 - 10

Chapter. 1

어머니의 간절한 꿈 - 18

어머니의 나들이 - 21

어머니의 기도 - 25

어머니와 하룻밤 - 29

어머니와 찐빵 - 32

어머니를 기다리는 백일홍 - 34

아버지의 뒷모습 - 39

큰아들의 첫 작품 - 44

아들과 다리를 놓다 - 47

부부로 사는 것 - 51

Chapter. 2

새파란 아내의 하늘 - 56

더불어 사는 삶 - 61

사랑은 어디에서 오는가 - 65

빛바랜 사진 한 장 - 68

친구들의 충언 - 71

마음 나누기 - 73

경청의 꽃 - 77

종심從心을 바라보며 - 81

고봉의 마음 - 85

신바람 나는 직장생활 - 88

마침 또 다른 시작 - 91

Chapter. 3

선線 - 96

따뜻한 정 - 99

나는 여기에 왜 있는가 - 102

어느 천재 과학자의 추락 - 106

다름을 보는 눈 - 110

벌교 꼬막 - 114

자세히 보아야 기회가 생긴다 - 118

상상의 꿈 - 121

술 향 - 124

행복의 아이스크림 - 127

Chapter. 4

말의 항아리 - 132

막내딸 루이 - 136

루이와 함께 산책을 - 140

버팀목으로 사는 것 - 144

행복한 장수長壽 - 148

인공지능 시대를 사는 지혜 - 151

노마지지老馬之智의 지혜 - 155

쳇GPT와 동거하기 - 158

노년의 행복 - 161

생각 여행 - 164

Chapter. 5

글의 씨앗 뿌리기 - 170

시 여행 - 174

마음의 부자가 되는 길 - 178

희망의 등불 - 182

마음의 고향 - 185

친구를 찾아서 - 189

시월의 단풍 - 193

일상의 탈출 - 196

고향 - 200

으쓱해진 어깨 - 204

다산 정약용의 발자취를 따라서 - 208

■ **수필평** 인간미 · 사회미 · 자연미로 빚은 남도의 젓갈 맛
   - **최재선** (시인, 수필가, 한일장신대 교수) - 212

Chapter

1

어머니의 간절한 꿈

　구급차의 사이렌 소리가 점점 가깝게 들린다. 한 해 만에 어머니가 고향 집으로 돌아오셨다. 장시간 이동으로 피로하신 기색이 역력했지만, 고향 집에 다시 돌아왔다는 안도감이 낯빛에 고요하게 스민다. 2022년 12월 코로나로 쓰러지신 뒤 순천 요양병원에 잠시 계셨다. 엉덩이 부위 욕창이 심해졌다. 동생이 성화를 냈다. 욕창은 죽음을 부르는 위험한 병이라며. 경기도 주변에서 시설이 좋은 요양병원을 찾았다. 어머니를 구급차에 모시고 순천을 떠날 때, 다시 고향으로 돌아오실 수 있을까 하는 생각이 가슴을 저몄다.
　어머니는 요양 시설에 들어가시는 것을 싫어하셨다. 철창 없는 감옥 생활이라 여기시곤. 어머니에게 약속했다. 요양 시설에는 안 보내드리겠다고. 코로나 후유증으로 어머니가 몸져눕자, 득달같이 욕창이 찾아 들었다. 요양보호사가 간병하지 못하겠다고 했다. 동생과 상의해서 어머니를 요양병원으로 모셨다. 어머니께 요양 시설엔 안 보내겠다고 약속했는데, 어찌할 수 없는 나 자신이 원망스러웠다.

용인에 있는 요양병원은 1등급 병원으로 시설도 좋고 욕창 치료를 잘했다. 하지만 어머니와의 약속이 가슴을 짓눌렀다. 내년이면 65세로 직장에서 임원의 정년을 맞지만, 어머니께서 그때까지 기다려 주지 않을 것 같았다. 1년을 앞당겨 퇴임했다. 어머니와 함께 순천 고향 집에서 지낼 요량으로.

여기저기서 우려하는 목소리가 터져 나왔다. 다니던 회사의 부회장이 내 개인의 로망이 아니냐며 퇴임을 만류했다. 어머니에게는 쾌적한 요양 시설에서 치료를 받으시는 게 더 좋을 것이라는 충고와 함께. 동생도 걱정했다. 욕창으로 몸을 못 움직이시고 누워 계시는 환자를 순천의 작은 아파트에서 어떻게 간병하겠냐고. 나도 내심 두려웠다. 섬망증을 앓은 어머니가 한밤중에 소리를 지르시면 어떻게 할까, 욕창은 어떻게 치료해야 하나, 위급한 상황이 오면 누구에게 도움을 요청해야 할까. 하지만 어머니를 외로운 감옥에서 잠시라도 벗어나게 해 드리고 싶었다.

이제 어머니가 순천집으로 오신 지 두 달이 지났다. 요양보호사가 친어머니를 모시는 것처럼 간병한다. 모든 걱정은 기우였다. 휠체어를 실을 수 있는 장애인 콜택시를 이용하여 순천만 정원, 선암사, 상사 댐을 다닌다. 어느 날 바다가 보고 싶으시다고 했다. 어머니의 버킷리스트가 있었던 게다. 석양이 아름다운 와온해변으로 갔다. 어머니는 와온해변을 바라보며 4남매와 함께했던 추억을 꺼내 읽으셨다. 잔잔한 어머니의 미소가 내 마음을 흐뭇하게 적셨다.

아버지가 돌아가신 뒤, 40여 년 동안 친자매처럼 한방에서 사셨던 숙모를 뵀다. 어머니 얼굴이 만월처럼 환해졌다. 어머니가 "매일 같이 손잡고 잠자던 우리가 어떻게 일 년 동안이나 떨어져 있었네"라고 하셨다. 어머니의 정신이 맑아졌다. 숙모와 손을 꼭 잡으시고 '동백 아가씨'를 부르셨다. 어머니는 예전에 동네 친목회 회장을 맡으셨다. 단체로 관광할 때면 출발할 때부터 목적지 도착할 때까지 마이크를 놓지 않으시고 분위기를 잡으셨단다.

순천 매곡성당 주일미사에 참석했다. 많은 교우가 인사했다. 어머니의 소식이 궁금했던 게다. 성당에 다녀오신 뒤 어머니는 늘 가슴에 묻어 있던 숙제 하나를 끝냈다고 하셨다. 어머니는 40여 년 동안 성당에 다니시면서 봉사를 많이 하셨다. 며칠 후 성당 교우 몇 분이 집으로 문병 왔다. 어머니가 모든 일에 앞장을 섰고 어려운 사람을 남몰래 많이 도우셨다고 했다. 성당에서 여러 봉사를 하시면서 리더십도 강하셨다고 귀띔해주며, 어머니처럼 늙어가고 싶다고 했다. 어머니의 몰랐던 다른 모습을 새롭게 알았다.

음덕양보陰德陽報, 남모르게 덕을 쌓으면 남이 알게 보답을 받는다는 뜻이다. 어머니가 남모르게 쌓아 놓은 덕이 자식과 숙모의 사랑, 요양보호사의 헌신적인 간병으로 돌아오고 있다.

비가 세차게 쏟아진다. 고이 잠든 어머니의 모습이 화사하다.

2024. 7. 7.

어머니의 나들이

 "차가 참 편하고 좋소" 어머니가 장애인 차량의 휠체어에 앉으셔서 운전 기사에게 말을 건네셨다. 장애인 휠체어 차를 빌려 한국 민속촌으로 가을날 소풍갔다. 어머니는 지난 10개월 동안 요양병원에서 누워 계셨다. 어머니께서 요양병원에 입원한 뒤, 첫 바깥나들이다.

 작년 12월 코로나에 걸리신 뒤, 기운을 잃으시고, 몸을 꼼짝달싹 못 하시고 누워 계셨다. 욕창이 지름길로 왔다. 요양보호사가 욕창이 심해지자 간병을 못하겠다고 했다. 요양병원으로 모셨다. 여동생이 성화였다. 욕창이 어르신에게 가장 위험한 병이라고. 여기저기 아는 간호사한테 조언을 구했다. 요양병원 의사의 권유로 용인 세브란스 병원 진료를 시작했다. 내가 매달 병원으로 모시고 가서 치료를 받았다. 의사는 수술하기 전에는 완치가 어렵다고 했다. 3개월쯤 치료한 뒤 상태가 안정적이어서 격월로 치료받으라고 했다. 욕창 크기도 많이 줄었고 염증도 없다고 하니 다행이었다. 이제 휠체어에 앉아 움직이실 수 있다.

어머니는 드라이브를 좋아하셨다. 차 안에서 지나치는 도로표지판을 보시고 "여기가 어디구나"라고 말씀하셨다. 영어도 곧잘 읽으셨다. "저기에 HOTEL이 있네"라는 식으로. 요양병원에 면회 갈 때마다 드라이브하고 싶어 하셨다. 이룰 수 없는 바람으로 어머니와 헤어질 때 마음이 무겁고 찢어졌다.

다음 면회 때는 어머니와 함께 가을을 만나러 가야겠다고 결심했다. 휠체어를 실을 수 있는 장애인 차를 수소문했다. 지자체에서 지원하는 장애인 휠체어 차는 비용은 저렴하지만, 대여 절차가 복잡했다. 종합병원 진단서를 제출하고 심사를 기다려야 했다. 10월을 넘기면 추워져서 나들이가 힘들 것 같았다. 장애인 휠체어 차를 제작하는 특장차 회사에 다니는 선배에게 도움을 요청했다. 회사의 고객인 휠체어 차 렌트 회사를 소개해줬다. 장애인 휠체어 차가 많이 부족하다고 한다. 예약이 어려우면 선배 회사의 시승용 휠체어 차를 대여해 주겠다고 했다. 고마웠다.

어머니를 모시고 아내와 함께 한국 민속촌으로 소풍갔다. 작년 12월 『토지』의 배경인 하동 최 참판 댁과 섬진강을 드라이브한 후 10개월 만의 외출이었다. 렌터카 크루(운전자)가 정장 차림으로 친절하게 맞아 주었다. 정성을 다해 휠체어를 타신 어머니를 차로 모셨다. 어머니는 만면에 웃음을 머금으시고 차가 참 편하다고 말씀하셨다. 세브란스병원 다니실 때 타시는 구급차는 덜컹거리고 흔들려서 힘들다고 하셨다.

한국 민속촌은 가을을 흠뻑 머금고 있었다. 평일이어서 유치원생이 손에 손을 잡고 지나갔다. 병원에서 환자만 보시다가 어린아이들을 보시고 마냥 즐거워하셨다. 단풍나무, 소나무 숲을 혼자만 보시기 아까웠던지, 동생에게 전화해서 빨리 오라고 하셨다. 휠체어를 밀고 가는 나를 보고 여러 사람이 "효자네"라고 하며 지나갔다. 동네 산책하다가 어르신의 휠체어를 밀고 다니는 사람을 보면 부러웠다. 산책하는 내내 어머니의 환한 얼굴을 보니, 마음이 뿌듯했다.

핸드폰이 울렸다. 회장 비서실 전화였다. 회장님이 찾는다고 했다. 가는 날이 장날이었다. 오전에 세브란스병원에 모시고 갔다가, 오후에 3시간 일정으로 민속촌에 왔다. 어쩔 수 없이 1시간을 앞당겨 어머니를 요양병원으로 모셔다드렸다. 회사로 돌아와서 회장님이 지시한 업무를 처리했다.

저녁에 큰아들한테서 전화가 왔다. 주말에 야외 나들이 가자고 했다. 시부시자是父是子라는 사자성어가 생각나서 흐뭇했다. 3년 전 큰아들이 결혼한 후 며느리하고 1박 2일 여행을 몇 번 다녀왔다. 승용차 뒷좌석에 나란히 앉은 시어머니와 며느리의 대화가 끊이질 않았다. 서로를 이해할 수 있는 귀중한 시간이었다. 작년에는 아들 논문 준비로 바빴고, 두 달 전 며느리가 아기를 가져 함께 여행할 엄두를 못 냈다.

어머니가 "너 같은 아들을 둔 내가 복이 많다"라고 말씀하셨다. 성경에 "눈물 흘리며 씨 뿌리는 자는 기쁨으로 거두리로다(시편 126:5-6)."라는 말씀이 있다. 어머니는 10여 년 동안 할머니를 모셨다. 작은아버지가 사업에 실패하여 할머니 집을 팔았다. 둘째인 아버지는 여든 초반에 두 눈을 잃으신 할머니를 집으로 모셔왔다. 나는 중고등학교 시절에 할머니와 같은 방에서 지냈다. 어머니가 할머니를 지극정성으로 모시는 것을 곁에서 지켜보았다. 어머니는 그때 뿌린 씨앗을 거두시고 있는 셈이다.

  가을 하늘이 어느 때보다 높푸르다. 모처럼 하늘을 오래 올려다본다.

2023. 10. 24

어머니의 기도

지난주 일요일 우리 4남매가 부부동반으로 저녁 식사를 했다. 작년에 남동생과 어머니 돌봄 문제로 다투다가 잠시 의절한 바 있다. 화해할 겸 여동생이 서울시 교육장으로 승진한 것을 축하하려고 자리를 만들었다. 술을 좋아하는 남동생과 매제들은 술잔이 여러 순배 돌아가자 분위기를 띄웠다. 주된 화제는 너도나도 옛날 어려울 때 이야기를 추억의 호주머니에서 끄집어냈다.

어머니의 화투 노름으로 집안이 어려워져서 여동생은 등록금이 싼 대학을 선택할 수밖에 없었다. 비슷한 성적의 다른 친구가 연대·이대에 다니는 걸 부러워하며 서울교육대학을 졸업했다. 두 자녀를 키우느라, 학교와 교육청에서 밤늦게까지 일하느라 억척같이 뛰어다녔다. 교장 임용장을 받으러 단상에 올라갈 때 아버지 생각에 울컥했다고 했다. 요양병원에 계신 어머니를 면회할 때마다 어머니에게 교육장 승진을 위해 기도해달라고 부탁했다. 어머니는 정신이 오락가락하지만, 꼭 기도하겠다고 몇 번이나 약속하셨다. 우리 남매들도 도와줄 수 있는 건 기도밖에 없었다. 생미사를 올렸다.

어머니의 기도가 효험 있었을까. 여동생은 오는 9월 1일 서울시 ○○교육지원청 교육장으로 부임한다. 아버지는 교감 자격증만 받으시고 돌아가셨다. 딸이 아버지의 못다 한 꿈을 이루었다. 하늘나라에 계신 아버지께서 이 사실을 알면 널뛰듯 춤을 추셨을 것이다. 여동생 고등학교 동문회에서 모교 정문에 교육장 취임 축하 플래카드를 걸었다. 주변에서 가문의 영광이라고 했다.

식사하는 자리에서 남동생이 순천 어머니 아파트에서 가져왔다며 어머니 사진과 수의를 전해줬다. 70대 초반의 곱고 자상한 어머니가 사진 속에서 고운 미소를 띠고 계셨다. 순천 갈 때마다 어머니는 수의를 최고급 옷감으로 만들어 장롱에 넣어두었다고 말씀하셨다. 새로운 세상에 아무것도 가지고 갈 수 없어도 좋은 옷 한 벌 입고 가시고 싶었던 게다. 아버지가 돌아가신 후, 어머니는 세 남매의 교육을 위해 서울대학교 앞에서 하숙집을 운영하셨다. 남동생 친구는 서울대에 다니며 하숙방에서 지냈지만, 어머니는 한 명의 하숙생이라도 더 받으려고, 남동생을 부엌 한쪽에서 잠을 재웠다.

어머니는 한 푼이라도 더 벌려고 85년 초 일본으로 건너가 공장에서 한동안 일하셨다. 세 남매의 가장으로 손바닥이 터지도록 일하셨지만, 시어머니로서 며느리를 힘들게 하셨다. 아내는 스물다섯의 어린 나이에 아버지 제사를 모시기 시작했다. 어머니는 제사음식도 중요하게 생각하셨지만, 제사에 참석하는 가족을 대접하는 데 더 신경 쓰시며 아내를 자주 다그쳤다. 그 세월이 벌써 40년째 되어간다. 남동생이 이제는 형수님을 제사에서 놓아드리자고 했다. 각자 연미사를 올리며 추도하자며. 나만 제사를 간단히 모시는 걸로 이야기했다. 자식한테는 제사를 물려주지 않으려고 한다.

여동생이 어머니가 용인 요양병원에 계시니 순천 어머니 아파트 처분을 물었다. 내년 봄까지 그냥 두자고 했다. 어머니한테 진 마음의 빚을 갚아야 했다. 광주에서 대학에 근무할 때 어머니 집에 자주 들렀다. 어머니는 더 늙어서 아프더라도 감옥 같은 요양병원에 가시기 싫다고 자주 말씀하셨다. 그때마다 약속했다. 요양병원에는 안 보내겠다고. 작년 12월 중순, 코로나에 걸리셨다. 후유증으로 정신을 잃고 옴짝달싹 못 하시고 누워 계시다가 욕창이 생겼다.

요양보호사가 욕창 치료가 무서워 간병을 못하겠다고 했다. 어쩔 수 없이 동생들과 상의해서 요양병원으로 모셨다. 친구가 부모님이나 장인·장모님을 모시고 맛집을 찾아다니면서 식사하는 사진을 SNS 대화방에 요즘 가끔 올린다. 부럽다. 작년 말까지도 함께 나들이했던 어머니. 이젠 요양병원에 누워만 계시니 안타깝고 마음은 미어진다. 한 친구는 요양병원에 누워 계신 어머니가 자기를 알아보시기만 해도 좋겠다고 마음 아파했다.

문득 친구가 한 이야기가 생각난다. 요양병원에서 치료는 잘 받을 수 있지만, 외롭게 갇혀서 누워 계시는 것보다 짧더라도 집에서 가족과 함께 보내는 게 좋지 않겠냐고. 내년 봄에는 시간을 만들어 한두 달만이라도 순천에서 어머니와 함께 지내려고 한다. 어머니가 좋아하시는 꽃구경, 드라이브도 하면서. 아내도 좋다고 거들었다.

어머니는 평생 나의 보호자이셨는데, 내가 어머니의 보호자가 되니 아무것도 해 드릴 게 없다. 요양병원에 누워 계시는 어머니를 옆에서 지켜만 볼 뿐. 자식을 위한 어머니의 기도처럼, 어머니가 정신줄을 더 놓지 않도록 오늘도 이어지는 자식들의 기도가 하늘에 속달로 닿기를.

마른하늘에서 비가 질금질금 내린다.

2023. 8. 24

어머니와 하룻밤

어머니를 뵈러 순천으로 가는 날, 새벽 4시에 눈을 떴다. 차가운 바람이 얼굴을 때린다. 아내가 눈을 비비며 루이랑 옆자리에 앉았다. 광명역으로 향했다. 주말에 어머니와 하룻밤을 보낼 설렘으로 한껏 부풀었다.

광명역 커피숍에 들렀다. 아내가 준비해준 유기농 통밀로 만든 빵과 커피로 아침을 대신하고 기차에 올랐다. 기차 안이 어머니의 품속같이 따스했다. 눈꺼풀이 스르르 내려앉았다.

순천역에서 승용차를 대여하여 어머니 아파트로 갔다. 얼굴에 미소를 가득히 머금으시고 의자에 앉아 계셨다. 무릎이 아파서 걸음걸이가 불편하시다. 어머니는 별명이 제트기였다. 친구보다 훨씬 빠르게 걸으셨다. 동천 둑에서 매일 산책하셨다. 제트기 엔진을 장착한 무릎이 세월을 끝내 이기지 못했다.

휠체어로 모시고 병원으로 갔다. 2년 전 방광암으로 서울 강남세

브란스병원에서 수술을 받으시고, 순천 한국병원에서 3개월에 한 번씩 검사를 받으신다. X-레이, 초음파, 혈액, 소변검사, 내시경 검사까지 마쳤다. 씨름선수 같은 덩치의 비뇨기과 의사를 만났다. 검사 결과에 대해 상세하고 자상하게 설명해주었다. 씨름선수로 보았던 인상이 알코올 소독약이 한꺼번에 휘발되듯 사라졌다.

  검사를 마치고 기력을 보강하려고 영양제 링거 처방을 어머니 몰래 간호사에게 요청하였다. 비싼 링거를 맞지 않으시겠다고 한사코 손사래를 치셨다. 이때마다 옥신각신 뜻밖의 전쟁이 일어났다. 하얀 링거액이 어머니 몸속으로 1시간 반 동안 천천히 기운을 날랐다.

  오후 2시가 넘었다. 배가 고팠다. 어머니가 김이 모락모락 나는 찐빵을 보시더니, 드시고 싶다고 하셨다. 찐빵 세 개를 사서 점심 먹으러 가는 차 안에서 먹었다. 팥소의 달콤함이 목으로 넘어가면서 허기를 달랬다. 어머니도 연신 맛있다고 하시면서 한 개를 다 드셨다. 나머지 한 개는 배가 부르다고 나 먹으라고 건네셨다. 아들 먹이려고 일부러 그러신 어머니의 마음이리라. 하동 섬진강변 장어구이 집으로 향했다. 도착하였더니 장어집이 오늘은 영업하지 않았다. 섬진강을 바라보는 멋진 식당에서 기운을 돋우는 장어를 어머니께 사 드리려고 했는데 아쉬웠다. 인터넷으로만 조사한 탓이었다. 섬진강 근처 재첩국집으로 들어갔다. 섬진강에서 채취한 재첩으로 끓인 재첩국은 하동의 별미이다. 피로를 회복하고 간에 효능이 있다고 한다. 부추와 함께 먹는 맑은 국물이 속을 시원하게 풀어 주었다. 어머니가 개운하다고 하시며 잘 드셨다.

  박경리 작가의 『토지』 배경인 하동 최 참판 댁으로 향했다. 글쓰기

공부하려고 『토지』를 읽고 있는 참이다. 유시민 작가가 『토지』를 여러 번 읽어서, 여러 상황의 표현 방법을 배우라고 했다. 소설 속 최 씨 일가의 얼룩진 삶이 녹아 있는 악양면 평사리 마을이 궁금했다. 주차장에 도착하여 어머니의 휠체어를 밀었다. 진입로가 좁은 골목길 경사가 휠체어를 미는 나에게 히말라야같이 보였다. 그만 아쉽게 포기하고 말았다. 섬진강변을 따라 쌍계사로 들어갔다. 평사리에서 하동까지 나룻배에 몸을 허락했던 섬진강, 늦가을 찬바람을 날렸다. 쌍계사 벚꽃 십리 길에 들어섰다. 사오 년 전, 광주에서 근무할 때 어머니와 친구 몇 분을 모시고 다녀온 적이 있다. 화사한 얼굴을 흐드러지게 내밀고 있던 벚꽃 터널을 지났다. 벚나무는 예쁜 얼굴을 잃고 서글프게 도열하고, 어머니 친구 몇 분은 꽃잎과 함께 새로운 곳으로 날아가셨다. 쌍계사 입구 단풍잎이 사이사이로 빛나는 햇살을 내주며 예쁜 낯으로 반겼다. 어머니는 차 속에서 단풍을 눈에 담기 바빴다. 내년에 또 올 수 있을까 하셨다.

 어머니는 짱뚱어탕을 좋아하신다. 갯벌을 끼고 있는 순천의 별미 음식이다. 맛집을 찾았는데 폐업하는 바람에 복지리탕을 끓여서 함께 먹었다. 국물이 시원하고 맛있다고 하셨다. 아들이 끓여서 맛이 더 했으리라. 하루가 지나간다. 어머니 곁에 오랜만에 누웠다. 동생이 당일로 순천에 다녀오지 말고 어머니랑 함께 자면서 건강을 살피라고 핀잔을 준 탓도 있다. 어머니와 숙모와 셋이 누워 옛것에 관해 이야기보따리를 푸신다. 잠이 스르르 온다.

 삼산 위로 가을 달이 차오르고 있다. 동천도 예와 같이 흐르고.

2022. 11. 7

어머니와 찐빵

 겨울 날씨치고 포근하나 싶더니, 겨울은 겨울이다. 손이 시리고 따뜻한 게 그리워진다. 어머니께서 해주셨던 음식이 자성을 띠고 불쑥 당긴다. 어렸을 때 어머니께서 끓여 주신 팥 칼국수를 많이 먹었다. 팥은 건강에 좋다. 혈당을 낮추고 고혈압, 빈혈, 심혈관 건강을 돕는다고 한다. 나도 팥으로 만든 음식을 좋아한다. 단팥죽, 팥빙수, 팥이 든 아이스크림, 붕어빵에 이르기까지. 당뇨병이 생긴 이후 덜 먹으려고 많이 참는다. 날씨가 추워지면서 팥을 넣은 달콤한 음식이 자꾸 당긴다.
 지난달 어머니를 모시고 병원에 진료를 받으러 갔다 나오는 길에 가게에서 안흥찐빵을 몇 개 샀다. 오랜 시간 검사하고 진료를 받은 탓인지 배가 고팠다. 허기 가운데 어머니와 맛있게 먹었다. 이번 달

아내랑 함께 겨울 바다도 볼 겸 어머니를 뵈러 갔다. 아내는 어머니께 소불고기를 해 드린다며 이마트에 가서 장을 봤다.

점심 하러 가는 길에 어머니는 지난달 드신 찐빵을 사러 가자고 하신다. 지금까지 먹었던 찐빵 가운데 제일 맛있다고 하시며. 찐빵을 드시려고 아들이 오기만 기다리셨단다. 평범한 찐빵에 불과한데, 어머니는 왜 그렇게 기억의 창고에 찐빵을 맛있게 보관하고 계셨을까? 찐빵의 맛을 결정하는 요소는 밀가루 반죽, 팥앙금으로 단순하다. 아들과 함께 드셔서 더 맛있었을까? 찐빵 속에 도사리고 있는 팥의 달콤함은 어렸을 때, 어머니께서 끓여 주시던 팥 칼국수 맛을 느끼게 한다. 팥 속에 어머니의 사랑이 녹아 있어 더 달콤했던 것 같다. 이제는 내가 어머니께 팥과 같은 달콤한 사랑을 드리고 싶다.

오래 건강하셔야 할 텐데.

2022. 12. 12

어머니를 기다리는 백일홍

여느 때와 달리 아침 일찍 어머니께서 일어나셨다. 요양보호사가 침대에 누워 있는 상태로 머리를 감겼다. 어머니는 자식을 볼 요량으로 정신 줄을 가다듬었다. 어제까지는 기운을 차리지 못하고 잠만 주무셨다. 어머니의 91번째 생신을 축하하려고 네 남매가 부부 동반으로 순천으로 내려와 점심을 함께했다. 내년에도 생일잔치를 하자고 어머니에게 말씀드렸지만, 마지막 생일잔치가 될지도 모른다는 생각이 가슴을 저미었다.

용인 요양병원에 계시던 어머니를 순천 어머니 집으로 모셔 왔다. 어느덧 4개월째다. 어머니는 욕창과 무릎관절 손상으로 몸을 움직이지 못하고 누워만 계신다. 욕창이 악화하지 않도록 소변줄을 꼽았다. 중증 치매(CDR 3.0) 상태로 밤낮을 가리지 않고 이성을 놓치면 과거로 여행을 떠난다.

　아침에 일어나자마자 어머니 방에 들어서며 굿모닝 하면서 아침을 연다. 요양보호사는 벌써 어머니의 몸을 따뜻한 물수건으로 깨끗이 닦고 있다. 이어서 아침을 드신다. 어머니의 식사 시간은 전쟁이다. 먹지 않으려는 사람과 먹이려는 사람의 피 말리는 싸움. 곡기를 끊으면 죽음에 이른다고 하는데, 요양보호사가 "엄마, 입 좀 벌리세요"라고 사정한다. 드시는 속도가 한없이 느려지면, 내가 수저를 들고 어머니의 턱을 내리며 죽을 넣어 드린다. 아들의 간청은 알아차리고 대답한다. 이나마 나은 편이다. 입 벌리는 것조차 힘들 정도로 기력이 약해지면, 튜브에 죽을 넣어 입속으로 짜 드린다. 몇 달 전 손주가 태어났다. 며느리가 아기가 우유를 먹질 않는다고 안달이 났다. 어머니도 내가 어렸을 때 조금이라도 더 먹이려고 애를 쓰셨을 것이다. 이제 어머니는 내가 돌보는 아기가 되셨다. 어머니가 죽 한 그릇을 비우시는 날은 기쁨으로 하루를 시작한다.

　어렸을 때 할머니께서 "밥은 천천히 먹고 똥은 빨리 싸야 건강하다."라고 하셨다. 잘 먹고 잘 싸는 게 중요하다. 어렵게 식사를 마치면 배변이라는 더 높은 벽이 기다린다. 어머니는 누워만 계시니 활동량이 없고 수분 섭취가 적어 변비가 잦다. 변이 나오지 않아 아프다고 소리를 지르고 빨리 약 사오라고 보채신다. 항문에 힘을 주지 못하니 딱딱한 변이 항문을 막는다. 요양보호사가 손가락으로 항문 속에 있는 변을 파낸다. 언젠가 한 친구가 항문에 갇힌 어머니의 변을 자기 손으로 파냈다고 했다. 나는 관장약을 준비하고 옆에서 지켜볼 뿐. 사나흘에 한 번씩 어머니의 변이 세상으로 나오는 게 그렇게 다행일 수가 없다.

  와상환자를 돌보는 것은 힘들다. 대부분의 간병은 요양보호사가 한다. 특히 욕창 환자는 2시간마다 체위를 바꿔야 한다. 나는 욕창 소독과 어머니와 함께 대화하고 산책하는 것을 담당한다. 죽음에 이르게 한다는 욕창을 무섭게만 생각했다. 아침과 저녁에 두 번 소독하고 약을 바른다. 석 달이 지났다. 오백 원짜리 동전 크기의 욕창이 서서히 줄어 가며, 빨간 새 살이 점점 돋아오르는 걸 보면 가슴이 벅차다.

  어머니는 저녁 무렵에는 종종 과거로 여행을 떠나신다. 치매가 뜬금없이 왔다. "아야 배추 뽑으러 가자.", "아버지 제삿날이다. 제사상을 차려라."라고 하신다. 이때마다 맞장구치며 어머니랑 배추를 뽑으러 가고 아버지 제사를 지낸다. 이성을 붙잡고 계실 때는 수필이나 시를 읽어 드린다. 어머니가 수필은 마음속에 있는 것을 글로 쓰는 것이라고 하셨다. 중학교 다닐 때 수필을 조금 쓰셨다고 하셨다. 주무시기 전에 묵주기도를 함께 드린다. 모기 만한 소리로 사도신경, 주기도문, 성모송을 외우신다. 치매를 앓으시면서도 기도문은 또렷이 기억하고 계신다.

  어머니는 몇 년 전 방광암 수술을 한 뒤부터 섬망증을 함께 앓으신다. 주무시다가 큰소리를 지르시던가, 밖에 누가 왔다고 나가 보라고 하신다. 함께 사셨던 숙모가 어머니가 귀신에 씐 거라며 굿을 하자고 했다. 동생이 손사래를 쳤다. 천주교 신자가 어떻게 굿을 하냐며. 용인 요양병원에서 순천으로 모셔 올 때, 내심 한밤중에 섬망증 증세가 나타나면 어떻게 하나 걱정했다. 잠들 때마다 어머니 방에서 무슨 소리가 나지 않나 긴장한다. 어머니가 큰소리를 치시며 나를 가끔 부르신다. 어머니 침대 옆에 앉아 가슴을 토닥토닥하며 어머니를 안정시켜 드린다. 어머니가 어릴 때 날 잠재운 것처럼.

순천 집으로 오신 지 넉 달째다. 이제는 죽도 꼬박꼬박 잘 드시고 기복은 있지만, 농담도 곧잘 하신다. 어머니 방에 간이 책상을 마련했다. 어머니의 흐뭇한 미소를 마주하며 강의안도 만들고 컨설팅 보고서도 작성한다. 한 친구가 요양병원에 누워 계시는 어머니가 자기를 알아만 보아도 좋겠다고 했다. 나는 행복하다.

헬렌 더모어는 「내 인생은 줄기를 잘렸다」라는 시에서 "나는 안다. 내가 죽어 간다는 것을 / 하지만 잘린 줄기에서 / 내가 할 수 있는 한 오래도록 / 꽃을 피워 보는 건 어떨까? "라고 읊었다. 성당 교우가 문병 와서 어머니께서 곱게 늙으셨다고 하신다. 언젠가 하느님께서 부르시면 기쁘게 올라가실 것이란 말씀도. 서서히 죽음을 향해 가는 어머니. 하느님께서 부르시는 그날까지 곁에서 그림자가 되어 드려야겠다.

땡볕에 백일홍이 지천이다. 내일은 날씨가 좀 선선해지려나. 어머니와 함께 마실을 뽀송뽀송하게 다녀올 참이다.

2024. 8. 10.

아버지의 뒷모습

얼마 전 정지아 작가의 『아버지의 해방일지』를 읽었다. 구례를 배경으로 빨치산 출신인 아버지의 삶을 그렸다. 구례에서 어린 시절 추억이 아버지를 끌고 왔다. 아버지의 40주기 기일이 다음 달이다. 51세 젊은 나이에 간암으로 돌아가셨다. 중등학교 교감 자격증을 어렵사리 취득하고 교감 발령도 받지 못하셨다. 밤새 헝클어진 머리를 다듬으시느라 빵 모자를 둘러쓰고, 작은 마당에 얼어붙은 얼음덩이를 깨시던 모습이 눈에 선하다.

큰아버지께서 6·25 때 아버지를 대학에 보냈다. 할아버지는 어깨뿔난 사람(지게 지고 농사짓는 사람)이 최고라고 할 만큼 가난했다. 큰아버지는 말단 공무원이었고 큰어머니는 쌀장수를 하셨다. 큰집 8남매 식구가 먹고살기에도 빠듯한 살림이었다. 아버지는 중등학교 교사가 되었다. 틈만 나면 큰아버지에게 진 빚을 갚아야 한다고 하셨다. 큰집 형 대학 등록금을 보내줘야 한다는 말씀을 입에 달고 사셨다. 아버지께서 구례중학교에서 근무하실 때다. 술을 좋아하셔서, 거나하게 취하면 지인 집을 찾아가 술주정을 하셨다. 멀리 길거리에서 취객의 큰 소리가 들리면, 영락없이 아버지였다. 그때는 술이 유일한 스트레스 해소책이었던 모양이다.

초등학교 다닐 때 비가 오는 날이면 봉북리 땅고랑에서 구례중학교까지 꽤 먼 거리를 우산을 들고 갔다. 우산 지붕 밑에서 아버지와 함께 집으로 왔다. 아버지는 꾸지람보다 칭찬을 아끼지 않으셨다. 아버지의 칭찬이 삶의 발걸음을 가볍게 했다. 네 남매의 교육을 위해 내가 5학년 되던 해에 아버지는 순천으로 근무지를 옮기셨다.

중학교 다닐 때, 집안에 이상 기류가 흐르기 시작했다. 어머니가 화투 노름에 빠졌다. 가정 여기저기에서 상처가 났다. 고등학교 입학시험 전날에도 어머니는 화투를 치시느라 집에 들어오지 않으셨다. 아버지께서 아침밥을 챙겨주셨다. 나는 몇 달 동안 어머니와 일절 대화하지 않았다. 어머니의 노름이 낳은 빚은 대추나무 연 걸리듯 늘어났다. 아버지는 밤중에 여수 공동묘지에 누워 계시는 할아버지께 두 번 다녀오셨다고 했다. 한번은 전혀 무섭지 않았는데, 두 번째는 온몸에 소름이 돋았다고 했다. 얼마나 견디기 힘들었으면 아버지는 한밤중에 외딴 산 공동묘지에 두 번씩이나 가서 할아버지에게 도움을 청했을까?

하정운 시인의 시구처럼 힘들고 슬픈 일이 있어도 아버지는 속으로 우셨을까? 교사의 아내가 화투 노름에 빠진 상황이 아버지 가슴속에 얼마나 깊은 상처를 남겼는지 상상할 수 없다. 감수성이 예민한 시기에 네 남매는 한 명도 삐뚤어지지 않고 다행히 잘 자랐다. 각자의 목표에 일부 차질은 빚었지만, 자수성가했다고 자평한다. 어머니에 대한 원망 없이 수년간 네 남매가 어머니와 함께 여행을 다녔다. 어머니의 타고난 복이다.

아버지는 가정을 지키시려고 몸부림치셨다. 전라남도 민속에 관한 책『우리 조상의 빛난 얼』을 동료 교사와 함께 썼다. 편집주간인 장학사 친구가 교감승진 점수에 가점을 받을 수 있도록 배려했다. 시골을 방문하여 옛날 흔적을 사진에 담고, 여름 내내 더위를 벗 삼아 마루에 상을 펴고 설명문을 썼다. 방학 때면 나도 사진의 설명문 쓰는 일을 도왔다. 교감 승진 시험이 있을 때 집 가까운 여관에서 공부하셨다. 중·고등학교 다니는 내내 아버지께서 책을 쓰시고, 공부하시는 모습을 보았다. 물론 가끔 술주정하시는 모습도 보았다.

대학 입학했을 때, 아버지께서 교복을 맞추자고 하셨다. 아들이 대학에 들어간 게 못내 자랑스러웠던 모양이다. 한 달에 한두 번 집에 올 때, 아버지는 엔지니어는 기술만 배우면 된다고 하시면서 데모에 휩쓸리지 말라고 하셨다. 5.18 광주 민주화 운동이 일어났을 때, 광주시가 계엄 군인이 봉쇄했다는 소식을 들으시고 하숙집으로 한걸음에 달려오셨다. 계엄 군인이 도로 곳곳에서 차를 세우고 대학생을 색출해서 잡아갔다. 다음 날 새벽 아버지는 어렵사리 택시를 잡으셨다.

택시기사는 검문이 무서워 하숙생 3명을 한꺼번에 태워주지 않았다. 먼저 아버지와 내가 택시를 타고 담양으로 나왔다. 다시 하숙집으로 가서 아버지는 앞 좌석, 예비역 선배는 뒷좌석, 친구는 트렁크에 타고 검문소를 무사히 통과해 광주를 빠져나왔다.

1762년 출생 다산 정약용은 유배지에서 자식들에게 편지를 썼다. 한순간에 양반 신분에서 몰락하여 폐족이 된 자녀가 자존감을 잃지 않도록 가르침을 주었다. 가문을 다시 일으켜 세우려고 책을 통해 지식을 얻고 지혜를 터득하여 한 단계 더 높은 인격체로 성장하라고 했다. 1948년 출생 김용택 작가는 대안학교에 다니는 고등학생 아들에게 편지를 썼다. 작가의 눈으로 시골 생활을 그리며 그 속에 아들에게 전하는 말을 녹여 냈다. 일기를 쓰면서 생각을 정리하고, 새로운 각오를 하고 세상을 바라보는 눈을 가지라고 했다.

1933년 출생인 아버지는 글을 통해 어떤 가르침도 남기지 않았다. 흔한 밥상머리 교육도 없었다. 그러나 가정을 지키려고 혼신의 열정을 몸붓으로 일필휘지하셨다. 1960년 출생인 나는 아버지의 이러한 뒷모습을 보며 열심히 공부했다. 사회적·경제적으로는 어느 정도 힘 있는 아버지의 모습은 보여줬지만, 정서적으로 따뜻하게 감싸고 소통하지 못했다.

큰아들은 직장에 다니며 대학원 졸업 논문 준비하느라 밤늦게까지 공부했다. 논문이 막힐 때마다 "아빠"하고 전화했다. 며느리를 통해, 아내를 거쳐, 아버지의 성실한 삶을 존경한다는 소리가 들려왔다. 작은아들은 대기업 인턴 자기소개서에서 "아버지는 저의 롤모델입니다. 아버지께서는 한 회사에 30년 넘게 근무하셨는데, 성실함을 꾸준하게 유지하셨고 자기발전을 위해 항상 집에 오시면 공부를 하셨습니다. 삶의 자세가 무엇인지 몸소 행동으로 저에게 보여주셨습니다."라고 썼다.

두 아들에게 인정받는 나의 모습은 사실 아버지를 통해 배웠다. 아버지는 이 세상에 계시지 않지만, 아버지의 삶의 모습은 나를 통해 어느결에 두 아들에게까지 이어져 강물처럼 흐르고 있다. 이런 아버지의 뒷모습은 세상의 어느 것과도 바꿀 수 없는 빛나는 유산이다.

장맛비가 멎은 청명한 하늘 아래서, 아버지를 목타게 부르고 싶다.
"아버지, 아버지"

2023. 7. 1.

큰아들의 첫 작품

 지난 주말, 3代가 제주 여행길에 올랐다. 큰아들 부부와 뱃속에서 밝은 세상을 기다리는 손주와 함께. 몰입형 미디어아트 전시기획사에서 근무하는 큰아들의 연출 감독 데뷔 작품을 보려고. 잔뜩 찌푸린 하늘이 여행을 시샘하듯 비를 뿌렸고 뱃속의 손주는 첫 비행의 기쁨에 뜀박질하는 듯했다.
 제주 공항에 도착하자마자 서귀포시 성산읍에 있는 '빛의 벙커'로 향했다. 쫓아오는 비바람을 피하기는 안성맞춤이었다. '빛의 벙커'는 20여 년간 숨겨온 옛 국가기관 통신 시설을 국내 유일의 몰입형 미디어아트 전시관으로 재생한 문화공간이다. 900여 평의 대형 철근 콘크리트 구조물로 산속에 동굴처럼 위장하고 있다.
 몰입형 미디어아트 전시는 작품을 투영한 전시공간에서 관람객이 움직이면서 능동적으로 감상한다. 전시 벽면에 고정한 명화 원작을 관람하는 것과 달리, 명화 원작을 영상으로 전환하여 모든 벽면과 바닥까지 화폭으로 사용한다. 직관적으로 감정을 건드리는 음악이 그림의 흐름을 따라간다. 눈과 귀, 몸 전체가 끝없이 펼쳐지는 물감과 선율의 바다에 푹 빠진다.

'빛의 벙커'에서 〈세잔, 프로방스의 빛〉과 〈이왈종, 중도의 섬 제주〉를 전시하고 있다. 고흐와 고갱 같은 후기 인상파 화가는 순간적인 빛의 변화에 관심을 쏟았다. 후기 인상파에 속하면서도 사물 자체의 본질을 그리고자 했던 세잔은 현대 입체파와 추상미술 탄생에 영향을 주었다. 수없이 많이 그린 정물화, 저마다 다른 얼굴을 한 과일이 커다란 벽면을 조각조각 가득 채운다. 화가의 단일한 시선이 아닌 다양한 각도에서 세밀하게 관찰한 사물을 하나의 화폭에 담았다. 관찰이 상상력을 이끈다. 큰아들의 첫 연출 데뷔 작품 〈이왈종, 중도中道의 섬 제주〉를 심장 뛰는 소리를 들으며 기다렸다.

이왈종 화가는 〈제주 생활의 중도〉를 연작으로 발표했다. 화가는 1991년에 추계예술대학 교수직을 떠나 서귀포에 정착했다. 교수 시절에 읽은 『반야심경』에 영향을 받고, 중도와 평상심의 세계를 그림에 담았다. 중도는 어느 한쪽으로 치우치지 않는 평등의 세계를 말한다. 인간과 동물, 꽃을 평등하게 보고 그림에 비슷한 크기로 나타냈다. 민화가 지닌 해학과 삶에 대한 성찰도 담았다. 한국화의 새로운 변화를 주도해온 기수로 꼽힌다.

〈중도의 섬 제주〉의 영상이 핸드팬과 가야금의 선율을 타고 흐른다. 제주 조랑말이 70여 미터의 거대한 벽면에 투영한 꽃밭을 뛰어 간다. 어둠이 찾아든 수풀에서 여치가 뛰어놀고, 보름달이 서서히 떠 오르며 어둠을 지운다. 골프하는 사람과 새, 토끼, 사슴, 홍매화 그리고 파란 잔디가 어우러진 제주의 한적한 삶이 역동적으로 흐른다.

  석양을 안고 있는 제주 마을 위를 봉황이 붉은 볏을 머리에 이고 흐느적거리며 난다. 샤갈의 「도시 위에서」라는 그림에서 사랑에 빠진 두 연인이 서로를 꼭 껴안은 채 두둥실 하늘을 날아다니며 행복한 미래를 꿈꾼다. 이왈종 화백은 봉황이 마을 위를 나르면서 제주 사람에게 행복을 골고루 나누어주길 바랐을까. 200여 년 세월의 벽을 넘어 두 화가의 행복을 그리는 마음을 잇는다.

  많은 관람객이 색채를 뒤집어쓰고 전시실 바닥에 앉아 음악에 귀를 연다. 이곳저곳 움직이며 감상하기도 한다. 색상이 따뜻하고 가야금과 거문고 등 전통 악기를 현대적으로 해석한 음악이 상큼하다. 줄 타는 광대, 북 치는 할아버지, 골프 치는 사람을 익살스럽고 역동성 있게 표현했다.

  〈중도의 섬 제주〉가 마지막 장면을 띄운다. 연출 Direction Jaehwan Chung 이라는 큰아들 이름이 자막으로 떠올랐다. "우리 남편 잘했네"라며 며느리가 혼잣말로 했다. 큰아들의 첫 작품을 보는 내내 다른 세계에 존재한 듯했다.

  아들과 나. 작품을 감상하는 동안 부자가 아니라, 예술가와 관객의 만남이었다.

2023. 2. 27.

아들과 다리를 놓다

지난 7월 초 큰아들이 석사학위 논문을 쓰고 책을 보냈다. "아빠 아감雅鑑, 아빠의 깊은 관심과 격려로 논문의 시작부터 마무리까지 포기하지 않고 잘 마무리할 수 있었어요. 가르침을 주셔서 진심으로 감사합니다. 2023.7.2 아들 드림"이라는 글귀를 논문 첫 장에 썼다. 순간 올해 1월부터 논문을 완성하려고 아들과 전화를 수없이 통화한 게 귓전에 맴돌았다. 논문은 아들과 대화의 실마리를 풀어나가게 하는 소통의 문이었다.

1983년 회사에 입사하자마자 결혼했다. 20대 초반으로 이른 나이였다. 병역을 해결하고 취업해서 기본 조건을 갖췄다고 생각했다. 울산 반구동 단칸방에서 살림을 시작했다. 아내가 아들을 유모차에 태우고 나가면, 동네 할머니가 애가 애를 데리고 간다고 했다. 이런 까닭이었을까. 둘째는 터울이 있어서 큰아들과 11살 차이가 난다. 갓난애 때부터 돌 무렵까지 작은아들을 무릎 위에 앉히고 식사했다. 지금은 막내딸 루이가 식사시간에 내 무릎을 차지하고 있지만. 큰아들이 초등학교 3~4학년 때인가. 미술학원 선생님에게 아빠가 동생만 좋아한다고 얘기했다고 한다.

1980년~90년대에는 회사 일에 묻혀 살다시피 했다. 밤 10시까지 야근을 밥 먹듯 했고 주말에도 수시로 근무했다. 아이들과 노는 시간보다 회사에서 일할 때 더 성취감을 느끼고 즐거웠다. 한창 아이들이 아빠와 대화가 필요한 나이였는데, 아이들 양육은 아내 몫으로 일임했다. 1996년 초 울산에서 전주로 근무지를 옮겼다. 나중에 들은 이야기지만, 울산보다 전주가 텃새가 더 심했다. 중학교 때 큰아들은 또래 아이보다 키가 컸다.

원인을 알 수 없이 가끔 교복이 찢긴 상태로 집에 왔다. 학급 뒷줄에 앉은 껄렁한 친구들이 울산에서 전학 왔다고 시비를 했다고 한다. 이들에게 지지 않으려고 껄렁한 친구들의 유행을 따라 했다는 것이다. 수학여행 출발하는 날이었다. 바지 단이 넓은 청바지의 끝단에 고무줄 같은 링을 끼워서 입는 모습을 보고 심하게 야단을 쳤다. 다른 바지로 갈아입고 울면서 나갔다. 왜 그랬는지 묻지도 않고 아내와 아들에게 큰소리만 쳤다. 아내는 지금도 내가 큰소리치면 싫다고 한다.

큰아들은 미술을 전공했다. 중학교 때 모 잡지에 인물 스케치를 응모하여 당선됐다. 엄마 유전자를 받은 모양이다. 고3 때 아내가 수학 과외를 한 달 시키자고 했다. 한 달 과외비가 일반 학원비의 다섯 배쯤 됐다. 이른바 족집게 과외였다. 비용이 부담스러워 과외를 시키지 못했다. 아들은 결국 재수를 결심했다. 그때 미술계도 수능점수가 중요하다는 걸 알았다.

광고업계는 근무 수명이 비교적 짧다. 큰아들에게 대학원 진학을 권유했다. 대학원 2학기를 마치고, 회사 업무가 너무 바빠서 대학원을 휴학한 지 10년을 넘겼다. 결혼 후 재입학을 권유했다. 내가 아는 교수님을 통해 재입학 추천서를 받았다. 아들의 장래를 위해 내가 그동안 이루어 놓은 인적 네트워크를 적극적으로 활용하였다. 이른바 아빠 찬스를 썼다고 할까.

아들이 올해 1월부터 석사학위 논문 준비를 시작했다. 아들에게 내가 박사 학위 논문 썼을 때 겪은 어려운 과정을 이야기해줬다. 설문지를 응답받으려고 세 개 자동차회사를 찾아다니며 지인에게 부탁했던 일, 연구가설을 통계적으로 입증하려는 기법을 배우려고 충남대, 전남대 교수를 찾아다녔던 일 등. 아들은 인스타그램을 활용하여 설문지 응답 데이터를 손쉽게 모았지만, 가설 검증에서 막혔다.

나는 빅데이터 분석기사 자격시험을 준비하고 있었는데, 아들 논문을 지원하려고 시험응시를 연기했다. 논문을 준비했던 6개월 동안 가설 검증을 위해 아들과 많은 대화를 나누었다. 한밤중에도 아들과 자주 전화했다. 전화 받는 게 기뻤다. 집에 와서 노트북을 켜고 함께 고민했다. 논문 준비를 같이 시작했던 선배는 한 학기를 연기했다고 했다. 아들은 아내와 연애사도 함께 얘기하고 울고 웃었다. 하지만 나하고는 어렸을 때 못했던 대화를 이제야 트기 시작했다. 아들과 마음의 다리를 놓는 것 같아 속이 후련하다. 며느리도 나와 아들이 가까워지는 모습이 좋아 보인다고 했다.

   서울대병원 윤대현 교수는 '아버지와 아들의 토크쇼는 없다'라는 프로그램에서 아버지와 아들의 역할에 관해 이야기했다. 아들과 친구가 되려면 아버지는 먼저 잔소리하지 말고 칭찬하라고 한다. 아들 이야기를 귀 기울여 듣고 나서, 하고 싶은 이야기를 하면 위로하고 공감할 수 있는 대화를 할 수 있다는 것이다. 이 땅에 어느 아버지든 자식과 소통하기를 바란다. 아들이 설령 충분히 혼자 할 수 있는 일도 아버지에게 힘든 척 이야기하면, 아들에게 자기 경험을 들려주며 함께 풀려고 노력하기 마련이다.

   아들을 보면 경제적으로 팡팡 도와주고 싶다. 오랜 회사생활을 통해 겪은 경험을 하나하나 이야기해주고 싶은 마음이 꿀떡 같다. 이게 아비의 마음이리라. 아들은 내가 있는 강 건너편에서 혼자 머리를 싸매고 있을 때가 많다. 아비로서 아들을 묵묵히 지켜보면서 손 내밀 때를 기다린다. 얼마 전, 어떤 친구가 아버지께서 남기신 일기장을 보면서, 돌아가신 아버지와 마음을 잇고 있다고 했다. 나아가 아버지께 삶의 고전을 익히고 있다는 것이다.

   아들과의 사이에 마음의 다리를 놓으며, 아들이 자주 건너오기를 기다린다. 아들도 건너편에서 날 기다리고 있을까.

2023. 10. 3.

부부로 사는 것

    지난주 까치울 마을에 다녀왔다. 부천에서 서울로 가는 길목, 지하철 7호선 까치울역에 붙어있는 자그마한 전원마을이다. 지난달 최숙미 작가가 수필집 『까치울역입니다』를 보내왔다. 책장을 넘기다가 영어로 번역한 수필 「까치울역입니다」에 눈길이 멈추었다. 까치울 마을을 한 폭의 수채화처럼 예쁘게 그려 놨다. 까치울 마을에 가보고 싶었다.

    점심시간에 짬을 내어 까치울 마을에 갔다. 회사에서 20분 거리인데도 차일피일 미루다 보니, 바랐던 것보다 늦어졌다. 이날 따라 비가 그친 후의 새파란 하늘이 마음을 청명하게 했다. 몇 개의 자그마한 공원 숲 사이에 단독주택이 옹기종기 모여 앉아 있었다. 저마다 다른 얼굴로 뽐내고 있는 주택은 냉기에도 유독 초록색을 뿜어내는 키 큰 소나무를 한 그루씩 안고 있었다. 점심때라서 그런지 마을은 적막했다. 따사한 햇살과 부드러운 바람이 나를 따라 골목을 지나갔다.

한 카페에 들어갔다. 혼자 카페에서 커피를 마시는 게 오랜만이다. 금박의 파란 무늬 잔에 김이 모락모락 나는 커피가 담겨 있다. 10여 년 전 러시아 출장길에 사 왔던 커피잔과 비슷하다. 아내가 커피잔이 예쁘다며 좋아했던 모습이 떠오른다. 22K 금으로 도금한 임페리얼 포슬린 커피잔으로 러시아 황실에서 사용한 것으로 국내에서 잘 알려져 있다. 금빛 문양과 코발트블루 색깔이 어우러진 커피잔 속에서 러시아 출장의 기억이 오롯이 묻어나왔다.

출장 업무를 마치고 호텔로 갔다. TV에서 자주 등장한 모스크바의 성 바실리아 성당과 빨간 벽돌로 둘러싸인 크레믈린 궁이 뜬금없이 보고 싶었다. 밤 11시쯤 직원들과 함께 지하철을 탔다. 늦은 밤인데도 성당과 크레믈린 궁 주변은 관광객으로 북새통을 이루었다. 아이스크림처럼 생긴 다채로운 꽃송이가 모인 성 바실리아 성당이 우리 일행을 맞았다. 붉은 광장의 바닥에 누워 크레믈린 궁의 붉은 별을 렌즈에 담았다. 편안한 맘으로 러시아 출장의 족적을 남겼다.

카페는 평일 점심시간인데도 사람으로 북적였다. 한쪽에서는 예닐곱 명의 남녀가 책을 앞에 두고 앉아서 서로의 마음을 읽느라 분주했다. 네 명의 아줌마, 두 명의 남자, 또 두 명의 여자가 오후를 즐겼다. 한 명의 남자는 나처럼 혼자 커피를 마시며 책장을 뒤적였다. 가끔 카페에서 혼자만의 사유를 즐겨도 좋을 것 같다. 웃음소리가 넘쳐나는 여유로운 카페 풍경이었다.

　최숙미 작가는 글 속에서 남편과 생긴 갈등으로 무작정 까치울 마을을 찾았다고 했다. 같은 장소에서 부부가 일하다 보면, 괜한 일로 감정이 날 설 때가 가끔 있다고 한다. 그날도 그런 날이었나 보다. 때맞춰 비까지 내렸다니. 까치울 마을 담벼락에 고개를 삐죽이 내민 장미가 작가의 마음을 어떻게 위로해줬을까. 비닐우산에 떨어지는 빗소리를 오선지에 그리며 마음을 다독였다니 다행이다. 카페에서 마주 앉은 친구 같은 커피를 한 잔 마시면서, 남편에게 문자를 먼저 했다는 대목에 이르러 마음이 놓였다. 해납백천海納百川의 마음일 것이다.

　해납백천海納百川은 중국 진晉나라 원굉의 『삼국명신송』에서 나온 말이다. "모든 물줄기는 바다를 향하고, 바다는 거부하지 않고 받아들인다."라는 뜻이다. 지금까지 살아오면서, 아내와 여러 가지로 갈등을 겪었다. 젊었을 때는 얕은 시냇물처럼 조그마한 돌멩이를 지날 때도 날 시퍼런 소리가 요란했다. 세월이 흘러가면서 서로의 강물도 깊어지고 이런저런 돌멩이도 둥글둥글해져 평안하게 흐른다. 가끔 아내가 던지는 일상의 대화가 날 선 돌멩이로 날아와 마음의 강에 파문을 일으킨다. 애써 숨기려 해도 말투와 표정에서 표시가 난다. 내 감정이 물 밑으로 가라앉으면, 아내가 쫌생이라고 놀린다. 아직 내 마음의 깊이가 부족한 것 같다.

　깊은 강물은 어떤 돌멩이가 던져져도 소리 없이 제 갈 길을 간다. 최재선 시인은 「노부부」라는 시에서 "몰아쉰 가쁜 숨결 / 오로지 한

몸으로써/ 엮여 걷는 연리지"라고 했다. 몸이 불편한 부부가 서로를 의지하면서 산책하는 모습을 그렸다. 앞으로 남은 길을 두 손 꼭 잡고 가야 할 부부. 어떤 날카로운 삶의 돌멩이가 날아와도 너그럽게 품는 마음의 평수를 넓혀야겠다. 마음의 물길은 깊게 하고.

  주방에서 아내가 마디마디 갈라진 손으로 설거지한다. 아내를 살며시 안아주고 싶다.

2023. 12. 10.

Chapter

2

순천고 27회 아카펠라 〈리즈보이스〉 제주워크샵(2023. 8)

새파란 아내의 하늘

　이순의 중반을 향하는 아내가 요즘 소녀 같다. 백화점에 두 번이나 다녀왔다. 옷차림에 신경이 많이 쓰이는 모양이다. 아내랑 긴 여행을 떠난다. 스페인으로 떠나는 7박 9일의 여행길.
　새벽 5시부터 일어나 부산을 떨었다. 루이는 당황한 표정이 역력하다. 엄마, 아빠만 떠나는 것을 눈치채고 안아 달라고 보챈다. 막내아들의 차창을 긁어대는 루이를 뒤로 하고 공항으로 향했다. 막내아들은 루이를 돌보려고 며칠 동안 재택근무를 한다. 반려동물은 이미 가족으로 자리매김했다. 항공권 체크인 카운터에 늘어선 줄이 기다랗다. 사람마다 미지의 세상이 가져다줄 추억에 들뜬 표정이 얼굴에 가득하다. 서로 처음 보는 사이인데도 여행이 주는 설렘에 어느새 친구가 된다.

한 초로의 여인이 혼자 스페인 여행길에 오른다. 스페인 여행이 세 번째인데, 봄을 맞는 스페인이 어떤 모습을 보여줄지 기대가 크다고 한다. 암 투병하고 있는 반려묘를 간호하느라고 남편은 함께 하지 못한 아쉬움이 진하다. 집에 두고 온 루이가 벌써 그립다. 인도, 중남미, 아프리카 등 오지를 자유여행으로 다녔던 70대 초로의 여인, 세상을 하나하나 알아가는 게 재미가 솔솔하단다.

9개 팀으로 이루어진 30여 명이 함께 하는 패키지여행이다. 바르셀로나, 사라고사, 마드리드, 살라망카, 포르투, 오비두스, 리스본, 세비아, 그라나다의 스페인과 포르투칼의 9개 도시를 돌아보는 일정이다. 부부 4쌍, 네 명의 여자 직장동료, 4자매와 형부, 형제 부부와 친구 부부, 5명의 여자 친구에 이르기까지 함께 여행자가 되었다.

마드리드로 가는 길에 사라고사의 필라르 대성당에 들렀다. AD 40년 이 땅을 방문한 성 야고보 앞에 성모 마리아가 나타나 기둥 하나를 건네며 이곳에 성당을 지을 것을 명하여 기둥을 보관하려고 성당을 지었다. 성당 안의 성모 마리아가 건넨 기둥뿌리에 손을 대고 기도했다. 요양병원에 누워 계신 어머니의 건강과 4월 말 태어날 손주의 무탈을 위해. 성당 문을 나서는데 마음이 바람 없는 날 호수같이 잔잔했다.

황금빛으로 물든 대학 도시 살라멩코에서 대성당을 보고 점심에 스페인 안달루시아 전통 음식인 소꼬리 스튜를 먹었다. 샐러드가 먼저 등장했다. 양상추가 입에서 아삭거리고 토마토 껍질이 부드럽게 부서진다. 스페인의 강렬한 태양의 기운을 받은 탓일까. 세 쌍의 부부가 합석했다. 한 부부가 함께 식사해줘서 고맙다고 환타 레몬을 샀다. 자그마한 배려가 친밀감을 덧붙인다. 소꼬리 수육처럼 생긴 음식에 감자튀김이 곁들여져 느끼했는데, 환타가 맛을 개운하게 일으켰다.

또 다른 부부는 남자가 체중이 100kg 넘는 거구이다. 유도를 했다고 한다. 먹는 것을 좋아하고 요리하는 것을 즐겨 한식과 중식 요리사 자격증을 땄단다. 집에 손님이 오면 다양한 중국요리를 대접한다고 한다. 주부는 가끔 남이 만들어 주는 음식을 먹고 싶어 한다고 아내가 부러워했다. 형님이라고 부르면서 생수병에 담아 온 소주를 권했다. 여행지에서 들뜬 마음으로 애써 숨겨온 소주를 이 팀 저 팀과 나누며 인연을 만들었다. 육중한 덩치를 뒤뚱거리며 관광 분위기를 살리려고 여기저기 끼어들어 웃음을 선사했다. 아내가 곰돌이 같다고 했다. 며칠 동안 함께 하는 여행, 마음이 조금씩 열리기 시작했다.

점심 식사 자리에서 한 남자가 아내에게 최고의 아내상을 수여했다. "내가 더 아끼고 사랑할게요, 함께 살아줘서 고마워요"라고 했다. 결혼 33주년을 기념하여 고백한 문장이 반짝인다. 케이크를 자르고 맥주로 건배했다. 나는 41년 동안의 직장생활을 옆에서 지켜온 아내에게 고마움을 전하려고 이번 여정을 선사했다. 저마다 무언가 기념하는 마음을 담고 스페인의 열정을 즐긴다.

마드리드 프라도미술관에서 루벤스의 『파리스의 선택』에 대해 가이드에 묻자, 옆에 서 있던 일행 가운데 한 남자가 불쑥 끼어들어 설명해주었다. 젊은 파리스가 헤라의 권력, 아테타의 전쟁의 승리, 아프로디테의 아름다운 여인 가운데서 아프로디테를 선택하여 세상에서 가장 아름다운 여인인 헤레네를 아내로 얻었다. 헬레네가 스파르타의 왕비였기 때문에 나중에 트로이 전쟁을 일으켰다. 화가는 그림 한 폭에 당시의 실상을 이야기하고 후세에 전한다. 여행 전에 그 지역의 역사를 공부했으면, 미술관 그림 속에 숨어 있는 많은 이야기를 들을 수 있었을 텐데.

점심시간에 프라도미술관에서의 그 남자 부부와 합석했다. 그림과 세계사에 대한 지식이 깊어 놀랐다고 말을 건넸다. 사학과를 졸업했고 세계사를 좋아한다고 했다. 음료수를 권하며 대화가 이어졌다. 대학 4학년 때, 신입생 여학생과 7년 열애 끝에 결혼했다고 했다. 같은 회사에 다니다가 남편이 먼저 퇴직하여, 지금은 설거지 전담이라고. 그의 아내가 나보고 무슨 배짱으로 설거지를 하지 않느냐며 핀잔을 주었다.

버스가 이동하는 가운데 현지 가이드가 역사를 강의했다. 세계사 공부는 현지에서 보고 듣는 게 최고인 것 같다. 아는 것만큼 보인다. 강의를 듣고 버스에서 내려 역사의 현장을 보며 눈으로 강의를 다시 풀어냈다. 다른 여행지로 발길을 옮길 때 맨 앞에서는 현지 가이드가 길을 안내하고, 맨 뒤에서는 인솔자가 누락자나 소매치기를 감시했다. 인솔자는 틈만 나면 안전 여행, 소매치기 조심을 강조했다. 멋진 풍광을 보고, 눈에 담고 느껴야 하는 시간을 할애하여 지갑의 안전을 챙기느라 정신을 쏟아야 하는 게 아쉬웠다.

푸르디푸른 하늘이 세비야 스페인 광장으로 발걸음을 이끌었다. 김태희가 등장해 LG 광고를 찍었던 반달 모양의 광장은 1929년 스페인 아메리카 박람회장으로 사용했다. 바로크양식과 무어 양식이 혼재된 스페인의 독특한 건축양식으로 카메라에 담을 곳이 너무 많아서 앵글 잡기에 바빴다. 저마다 광고 모델인 듯 포즈를 뽐냈다. 사진을 찍어 주며 따뜻한 마음을 담았다. 스페인 광장 가운데서 곰돌이 아저씨가 카메라 감독으로 나섰다. 항상 까르르 웃음을 터트리며 몰려다니던 직장동료인 4명의 여자에게 광장에서 춤을 추게 하고 동영상으로 담았다. 나를 포함한 네 쌍의 부부도 동영상의 댄스 배우로 출연했다. 낯선 곳에서 멋진 풍경이 나이를 잊게 했다.

여러 팀이 함께하는 패키지여행. 시간적인 제약은 있지만, 다양한 삶을 엿볼 수 있어 재미를 더했다. 새파란 하늘을 좋아하는 아내는 맑고 푸른 이국의 하늘을 보고 너무 만족했다. 손을 꽉 잡고 다녔던 길, 서로 사진을 찍어 주며 웃었던 순간, 행복감이 끊이지 않은 흑백 필름같이 추억으로 밀려온다. 여행을 건전한 일탈이라고 한다. 나를 둘러싼 온갖 제약과 틀에서 벗어나야 한다. 맨날 같은 시공간에서 사는 삶에서 벗어나면 새로운 게 보인다. 우리 삶에 어느 것 하나 사소한 게 없다는 걸 새삼 깨닫는다.

창밖으로 보이는 아파트 화단의 이팝나무마다 꽃이 고봉으로 피었다. 전국에 걸쳐 비가 온다는 기상예보와 달리 하늘이 푸르다.

2024. 4. 24.

더불어 사는 삶

달력 한 장이 외로이 달려있다. 2023년 구세군 자선냄비 캠페인을 'Sound of Love 함께 부르는 사랑의 멜로디'라는 주제로 12월 1일부터 전국 17개 도시에서 한 달간에 걸쳐서 진행하고 있다. 여기저기서 송년 모임을 알린다. 한 해가 지나가는 풍경이다. 한파가 몰아치는 어느 외진 곳에서는 따뜻한 손길을 애타게 기다린다.

송년회 일정으로 빼곡히 메웠던 12월 달력을 이제는 일부러 비운다. 많은 사람이 모이는 곳은 꺼려진다. 빈 공간이 좋다. 가까운 지인 몇 팀과 송년회로 모였다. 내가 초청한 모임이다. 은퇴한 사람이 많아 주로 손주 이야기를 많이 했다. 손주의 사랑은 자식에 대한 애정과는 차원이 다르다고 했다. 한 친구는 아내와 함께 주 3일을 손주

돌보느라 꼬박 메여 있었다. 또 한 친구는 자식이 손주와 함께 집에 오면 반갑고, 가면 더 좋다고 했다. 불가근 불가원不可近 不可遠의 심정일 것이다. 그래도 내년에 태어날 손주를 학수고대하고 있다.

입사 동기 세 명을 만났다. 1983년 3월 대학 졸업하자마자 24~5세의 젊은 나이로 현대자동차 제품개발연구소 대형 설계부 차량기술과에 입사했다. 병역특례자로 군대를 다녀오지 않은 사회 물정을 모르는 젊은이였다. 이층 침대가 있는 울산 숙소에서 함께 살았다. 한 친구가 포커 놀음으로 돈을 따면 넷이서 히히덕거리며 탕수육과 짜장면을 먹었던 기억이 새롭다. 광음여류光陰如流처럼 40여 년의 세월이 흘렀다. 두 명은 몇 년 전 은퇴했고, 한 친구가 금년 말 은퇴한다. 과장 때 외국계 기업으로 자리를 옮겨 회사 대표를 20여 년 지냈다. 저녁 식사 자리에서 퇴임 후 어떻게 보낼까에 대해 전문가 30여 명에게 컨설팅받은 결론을 이야기했다.

유럽의 10여 개 자그마한 시골에서 한 달 살기, 양평에 구입한 전원주택 주변에서 자전거 타기, 첼로 배우기, 여기까지는 대부분 은퇴자가 세우는 계획과 비슷했다. 마지막으로 사회 약자를 대상으로 봉사하겠다고 했다. 귀가 솔깃했다. 나도 재능기부에 대해 생각만 하고 미적거리고 있었다. 지난번 블로그 글「다산 정약용의 발자취를 따라」에 쓴 공자의 "생각은 두 번이면 된다."라는 글귀가 머리를 스쳤다.

다음 날 친구한테 전화했다. 친구는 독거노인 지원을 포함한 기부사업, 교육·문화예술지원 등 공익사업을 하는 (사)공공협력원의 운영위원장을 맡고 있다. 함께 봉사할 마음은 전했는데, 선뜻 행동으로 이어지지 않았다. 프로필을 보냈다. 조직과 함께 봉사활동이 가능한지 심사한다고 했다. 가입을 승인하면 다음 달부터 당장 재능기부 등 봉사활동을 하려고 한다.

지난주 에세이문예 겨울호 100권을 구입했다. 제77회 에세이문예 신인상에 당선된 수필 「아버지의 뒷모습」과 당선 소감, 심사평을 실었다. 20권은 (사)공공협력원에 기부했고, 나머지는 지인에게 나누어 주었다. 100권의 책이 마파람에 게 눈 감추듯 사라졌다. 자그마한 나눔이었지만 기쁨이었다.

니체는 『짜라투스트라는 이렇게 말했다』에서 "이웃에 대한 사랑보다 한층 높은 것은 가장 멀리 있는 사람과 앞으로 다가올 사람에 대한 사랑이다."라고 했다. 보통 사람은 자신을 칭찬하고 싶을 때, 증인이 필요하므로 곁에 있는 이웃을 사랑한다고 했다.

유네스코가 들로르 보고서(Delors report)로 알려진 21세기 세계 교육위원회 종합보고서(1996)에서 변화하는 사회 흐름에 맞는 평생 학습의 네 가지 기둥을 제시하였다. 더불어 살아가기 위한 학습, 알기 위한 학습, 행동하기 위한 학습, 존재하기 위한 학습이다. 이 가운데 가장 중요하게 여기는 더불어 살기 위한 학습은 나와 다름, 타인과의 다양성을 수용하고 존중함을 강조한다. 그리고 인종과 종교, 피부색과 관계없이 다름과 다양성을 사랑해야 할 의무를 가져야 한다.

이웃 사랑에도 자기를 과시하려는 마음이 앞서지 않았을까 돌아다본다. 가장 멀리 있는 사람과 사랑을 나누고 더불어 사는 삶을 고민해야 할 때이다.

구세군의 종소리가 매서운 칼바람에 얹혀 귓가를 따시게 맴돈다.

2023. 12. 22.

사랑은 어디에서 오는가

나이가 들수록 병이 하나둘 생긴다. 고혈압과 당뇨약을 먹은 지 꽤 되었다. 식후 걷는 게 혈당을 떨어뜨리는 데 좋다고 한다. 매일 식사하고 나서 30분 정도 걷는다. 어느 날 회장님께서 새로 오신 고문과 12시에 회의를 하자고 하신다. 고민에 빠졌다.

회장님 점심시간은 1시부터 2시까지이다. 부회장인 세 아들과 매일 회사 식당에서 점심을 먹는다. 직원들 점심시간이 끝날 무렵 식당에 감으로써, 식당 직원이 식사 준비에 최선을 다하게 하려고 한다. 회장님은 올해 83세이다. 10살 때 6.25 전쟁으로 홀로 원산에서 피난선을 타고 월남했다. 어린 시절을 미군 부대에서 일하며 지냈고 19세인 1959년 청계천에서 영안모자를 창립했다. 지금은 영안모자, 클라크 지게차, OBS 방송국 등 10여 개 회사를 경영하고 있다.

어렸을 때 굶주림을 겪어서인지 직원에게 아침과 점심, 저녁 식사를 제공한다. 12시에 회의를 시작하면 점심 먹고 걷는 시간이 없을까 걱정했다. 재빠르게 도시락을 먹고 회의에 참석한다. 회의가 끝나고 회장님께서 고문이 오랜만에 왔으니, 점심 식사를 함께하자고 하셨다. 점심을 먹었다고 할까, 그냥 가서 점심을 두 번 먹을까 고민했다. 부회장께 당뇨 때문에 도시락을 먹겠다고 얘기하고 걸으러 갔다. 도시락은 아침과 점심을 아내가 닭가슴살, 양배추, 토마토, 유기농 통밀빵으로 준비한다.

당뇨식을 먹고 꾸준히 걷기를 해서 혈당은 정상을 유지하고 있다. 며칠 후 회장님과 회의했다. 회장님께서 "나도 당뇨가 있는데, 이 기구를 사용해서 혈당이 안정적으로 관리하고 있다"라고 하셨다. 좋은 운동기구를 줄 테니 걱정하지 말라고 하신다. 직원이 점심 식사에 빠진 이유를 허투루 듣지 않고 어린 아들 대하는 마음으로 챙겨주셨다. 운동기구는 발목 펌프였다.

발목 펌프는 누워서 발을 펌프 위에 올리면 펌프가 진동하면서 발에 모여 있던 피가 전신으로 순환하게 도와준다. 나도 발목 펌프를 사용하고 있다. 잠들기 전에 루틴으로 반신욕 10분, 발목 펌프 15분, 등 안마기인 세라젬을 30분씩 하고 있다. 이번에 받은 발목 펌프는 신형으로 내가 가지고 있는 것보다 더 조용하다. 누워 있으니 발목을 통해 스르르 회장님의 사랑이 전신을 감싸고 흐른다.

아내가 매일 정성껏 준비해준 도시락과 회장님의 발목 펌프의 배려로 혈당은 더 걱정하지 안 해도 된다. 나도 누군가에게 배려의 손

길을 내밀어야겠다. "행복과 즐거움, 그리고 성공의 조건은 바로 모두 '배려'라는 키워드에 달려있다." (「배려」 한상복).

2022. 12. 22.

빛바랜 사진 한 장

 며칠 전 바다를 건너 빛바랜 사진 한 장이 날아왔다. 까만 교복을 입은 중학생 여섯 명이 눈앞에 나타났다. 사진 뒷면에 1973년 10월 9일 부산역 앞 광장이라는 글씨와 함께 사진 속 친구들의 이름이 적혀 있다. 부산과 경주로 중학교 수학여행 갔을 때 사진이다. 기억창고에 넣어둔 추억이 안개처럼 피어오른다.
 순천 매산 중학교는 미국 선교사가 설립한 남녀공학 사립학교이다. 성경을 교과목에 편성하고 있고 일요일 교회 출석을 성경 과목 점수에 반영하였다. 3년 동안 156주를 한 번도 빠지지 않고 교회에 나갔다. 출석 도장을 받으려고. 내가 다닌 교회는 동네 연탄공장 안에 있는 작은 건물을 사용했다. 친구 아버지가 목사님이셨다. 우리 집 뒷골목에 사는 여학생도 그 교회에 다녔다. 등굣길에 떼 지어 가는 학생들 사이로 얼핏얼핏 보이는 뒷모습을 보려고 따라다녔다.

하얀 교복 색깔이 꽃받침처럼 동그란 얼굴을 받히고 있었다. 또래 친구보다 키가 커서 잘 보이는 예쁜 얼굴을 학교 다니는 내내 훔쳐보려고 애썼다. 한 마디도 건네지 못하고 졸업했다. 한참 후 대학 다닐 때 광주 충장로에서 우연히 지나쳤다. 그때도 역시 바라만 보았다. 피천득 선생이 「인연」이라는 글에서 "아사코를 세 번째는 아니 만났어야 좋았을 것이다"라고 했다. 무슨 말인지 가슴에 파고든다.

블로그에 올린 글을 보고 친구가 전화했다. 잊었던 기억을 데려다줬다. 항상 깔끔하게 다린 교복을 입고 다니는 내가 부러웠다고. 시골에서 가난하게 살다 보니, 자신은 장터에서 싼 교복을 사서 입었는데, 비가 오면 풀기 빠진 삼베 바지처럼 후줄근해졌다고. 교복 단추 싸움을 할 때마다 질 수밖에 없는 이유를 나중에 알았다고. 어린 학생의 마음을 아프게 했던 기억이 두 딸의 교복을 매일 아침 다리게 했다고. 친구의 말을 듣는 동안 가슴이 먹먹했다.

1970년대 순천에 네 개 중학교가 있었다. 순천은 고등학교 입학시험을 치렀다. 네 개 중학교가 경쟁했다. 3월 첫 연합고사에서 순천 시내에서 1등을 했다. 180점 만점에 175점을 얻었다. 교장 선생님은 전교생이 모인 조회에서 자랑했다. 매산 중학교가 다른 공립학교보다 우수하다는 듯이. 옆 반 담임 선생님이 자기 반 학생을 독려했다. 1등을 한 학생은 우리 옆집에 사는데, 내가 퇴근할 때마다 골목에서 공차기하며 논다고 하면서. 나는 오후에 잠깐 놀고 새벽 한두 시까지 공부했다. 그 반의 한 친구가 학교 정문 수위실에서 자면서 공부했다. 부러웠다. 등하교 시간을 아껴 공부할 수 있을 텐데 하면서. 나는 뒷심이 부족했다. 수위실에서 공부한 친구가 졸업식장에서 나보다 먼저 단상에 올랐다. 친구 뒷모습을 보며 아쉬워했다.

이해인 수녀는 "너와 나의 추억이 아무리 아름다운 보석으로 빛을 발한다 해도 오늘의 내겐, 오늘의 네 소식이 궁금하고 소중할 뿐이구나, 친구야"라고 했다. 제주에서 사진을 보내준 친구가 오는 10월 9일이 딱 반백 년인데 친구들 한번 보자고 했다. 서둘러 연락처 아는 친구 몇몇을 SNS 대화방으로 초대했다. 서로 안부를 묻기 시작했다. 오래 삭힌 김치처럼 친구들 냄새가 그립게 풍겼다.

고입 체력장 종목 가운데 오래달리기가 있었다. 체력과 지구력이 약하면 감당하기 힘들다. 오래달리기를 잘하지 못한 나를 대신해 1,000m를 두 번 뛰어준 얼굴이 까만 친구. 주먹으로 결판을 보기라도 할 듯이 싸울만한 장소를 찾아다니다 싱겁게 헤어진 친구. 여러 친구가 50년의 세월 너머로 어렴풋하게 보인다. 추억의 전당포에 맡겨 놓은 옛이야기를 이제 찾아야겠다.

여기저기서 더위를 못 이긴 매미가 찢어지게 울어댄다. 친구들을 만날 설렘의 진동이 큰 탓일까. 보이는 풍경마다 절경이다.

2023. 8. 9.

친구들의 충언

 사자소학 효행 편에 나오는 말이다. "사람의 자식 된 자로서 어찌, 효도하지 않으리오? 그 깊은 은혜를 갚고자 하여도 하늘처럼 다함이 없도다. 본래 효도는 모든 행함의 근본이다. 부모님을 섬기는 데에는 지극한 효로써 하라. 봉양하는 데에는 정성을 다할 것이니라." 어머니가 코로나에 걸리신 후 기력이 없으셔서 병원에 입원했다. 퇴원 후 갑자기 치매 증세가 나타났다. 이삼일 후에는 기력이 쇠진하여 말을 못 하시고 몸을 움직이지 못하셨다.

 어머니 병세가 심각하다는 숙모 말씀을 듣고 토요일 순천으로 내려갔다. 어머니와 하룻밤을 자면서 기저귀도 갈아드리고, 죽을 먹여 드렸다. 아무 말씀도 못 하시고, 누워만 계시는 어머니가 바위 같았다. TV에 나오는 가수 이름을 여쭈니, "혜은이"라고 기억을 되살린다. 요양보호사에게 주·야간 돌봄을 함께 부탁하고 서울로 올라왔다. 밤 10시쯤 병세를 확인하려고 요양보호사에게 전화했다. 요양보호사는 어머니가 말을 전혀 안 하신다고 그랬다. 욕창이 여기저기 생겨 돌아가시지 않을까 무서워서 간병을 못하겠다고 했다. 상황이 위급한 것 같아 동생들과 상의하여, 다음날 요양병원에 입원시키기로 했다.

평소 어머니는 요양원에 가시지 않겠다고 입버릇처럼 말씀하셨다. 나도 어머니께 요양병원에 보내지 않겠다고 약속했다. 가능한 요양보호사를 입주시켜 간병하려고 했으나, 욕창을 치료하는 게 시급했다. 어머니를 요양병원으로 결국 모셨다. 어머니께 하루 저녁 기저귀 갈고 죽 먹여 드린 것밖에 없는 게 마음이 찢어진다. 요양병원으로 모시니 내게서 멀리 떠나신 것 같다. 이제 나란히 누워 도란도란 얘기할 수 없다. 아무것도 해 드릴 수 없는 내가 원망스럽다.

다행히 요양병원에는 친구 한의사가 근무하고 있다. 이틀이 지나자 눈을 똑바로 뜨셨다. 친구가 아들 이름이 뭐냐고 묻는 말에 희미하게 웃으시며 누구라고 내 이름을 대답하셨다. 친구가 보내준 어머니 동영상이 마음을 저미며 눈물의 둑을 무너뜨렸다. 그나마 친구가 있어 안타까운 마음을 달랬다.

"어머니가 옆에 계실 때 한 번이라도 더 찾아뵈어라." 어머니를 하늘로 먼저 보낸 여러 친구가 했던 말이 마음의 호수에 물안개처럼 피어오른다.

2023. 1. 20.

마음 나누기

 6월 6일 현충일, 고등학교 독서 모임 친구와 함께 부산으로 여행을 떠났다. 기차에서 나란히 앉은 친구는 수학여행 가는 것처럼 들떠 있었다. 못다 한 이야기보따리를 풀기에는 KTX가 너무 빨랐다. 아난티 코브 서점에서 한 친구가 구리 료헤이의 『우동 한 그릇』을 추천했다. 읽는 동안 눈물을 폭포수처럼 쏟았다고 하면서. 여행에서 돌아오자마자 책을 사서 읽었다. 얇은 책이어서 몇 시간 걸리지 않았다. 읽는 시간이 너무 짧아서일까. 친구처럼 눈물이 흐르지 않았다. 우동 가게 주인의 배려심은 느꼈지만. 공감 능력이 부족한 걸까?
 10여 년 전 제레미 리프킨은 『공감의 시대』에서 "인간이 세계를 지배하는 종이 된 것은 뛰어난 공감 능력을 지녔기 때문이다. 인류의 역사를 주도하는 가장 강력한 에너지는 공감이며, 미래는 확실히 공감의 시대가 될 것이다"라고 했다. 인공지능 기술개발의 선도주자 가운데 한 사람인 마이크로소프트의 최고 경영자 사티야 나델라는 "인공지능을 보급한 사회에서 가장 희소성을 갖는 것은 다른 사람과 공감할 수 있는 능력을 지닌 인간이다"라고 말했다. 4차 산업혁명시대에 인공지능이 대체할 수 없는 인간 고유의 능력으로 상상력, 창의성, 공감 능력을 꼽았다.

공감이라는 용어는 18세기경부터 사용하였다. 공감이란 다른 사람의 입장이 되어 그들이 어떻게 느끼고 생각하는지 이해하는 것. 다른 사람의 감정과 정서를 이해하고 이입할 수 있도록 하거나 타인의 관점에서 무언가를 경험할 수 있게 해주는 능력. 타인의 감정적 혹은 감각적 상태를 공유하는 것으로 인해 발생하는 정서적 상태에 이르기까지 다양한 정의가 있다. 데비드 흄은『인간 본성에 대한 논고』에서 "타인의 고통에 내가 공감하려면 내가 최대한 나의 상상력을 동원해서 그 사람이 겪고 있는 고통과 유사한 나의 경험을 떠올려라. 이렇게 함으로써, 그 사람의 현재 상태에서 더욱 잘 공감할 수 있다"라고 말했다.

일본에서 많은 사람을 감동하게 한『우동 한 그릇』을 읽고도 친구처럼 눈물을 쏟지 못했다. 까닭은 아버지가 교사로서 찢어지는 가난을 겪지 못했던 것인 것 같다. 사회의 모든 일에 공감한다는 것은 스트레스일 수도 있다. 인공지능의 발달과 연결의 시대로 세계화되어 가는 지금, 인간 고유의 사랑을 잊지 않고 연대 의식을 갖기 위해 공감 능력을 키워야 한다.

심리학자 대니얼 골몬과 폴 에크먼 박사는 공감 능력을 세 가지 유형으로 분류했다. 첫째, '인지적 공감'으로 상대방의 입장에 서보며 왜 그렇게 생각하고 느끼는지 이해하려는 노력이다. 둘째, 친구가 슬퍼할 때, 함께 슬퍼하는 감정을 공유할 수 있는 '정서적 공감'이다. 마지막으로 고통이나 아픔을 느끼는 상대방을 돕고자 하는 '연민적 공감'이다. 이 세 가지의 공감 능력을 골고루 갖추어야 성숙단계라 할 수 있다. 공감 능력은 다른 사람과 더불어 생존할 수 있도록 돕고 더 좋은 세상을 꿈꾸고 실현할 수 있도록 힘을 준다.

크리스털 랭과 그레고리 랭은 최근 연구에서 태어날 때부터 가지고 있는 공감 능력은 10% 정도라고 했다. 90%는 후천적으로 배울 수 있다고 밝혔다. 1996년 이탈리아 신경심리학자 리촐라티 교수 연구팀은 한 원숭이가 다른 원숭이나 사람이 한 행동을 보면 그대로 따라 한다고 했다. 자신이 행동을 직접 할 때와 똑같이 뇌에서 반응하는 거울 신경세포를 발견한 것이다. 거울 신경세포란 실제로 행동하는 순간뿐만 아니라, 남의 행동을 보거나 상상만으로도 실제 행동을 하는 것과 비슷한 반응을 보이는 영역이다. 거울 신경세포는 단순히 모방이나 따라 하기에 그치지 않고 공감 능력을 끌어내는 데 중요한 역할을 한다. 공감 능력은 거울 신경세포 덕분에 타고나지만, 다양한 사람과 교감을 통해, 삶의 경험에 따라 성숙된다.

공감 능력을 키우는 방법으로 세 가지를 추천한다. 첫째, 가만히 들어 주라. 코리 도어펠드의 『가만히 들어 주었어』에서 슬픔에 빠진 주인공 테일러에게 토끼가 다가가서 어떤 조언이나 재촉도 하지 않고 가만히 앉아 준 것처럼 하라는 것이다. 둘째, 소설책을 읽어라. 소설 속에 등장하는 인물의 입장을 상상해 보고, 감정 이입을 하라. 마지막으로 다양하게 경험하라. 여행, 체험활동, 봉사활동을 통해 다양한 사람을 만나며 경험을 새롭게 하는 기회를 가지는 것이 중요하다. 다른 사람의 느낌을 정확히 알 수 없다. 데이비드 흄은 '상상'을 통해 자신이 겪었던 경험 가운데 그 사람이 현재 겪고 있는 것과 유사한 경험을 떠올려 봄으로써, 타인의 고통에 '공감'할 수 있다고 했다.

  예순을 넘었는데도 마음의 근력이 약하다. 예전에는 그렇지 않았는데 지인의 자그마한 언행에도 상처를 받는다. 금전적으로 아픔을 주는 경우, SNS 대화방에 올리는 이런 글 저런 글에 핀잔을 줄 때, 친구라는 명분으로 그냥 툭툭 던지는 말이 약해진 마음에 상처를 남긴다. 상대방 처지에서 생각하고, 느끼고, 행동하지 못하는 것이다. 공감은 곧 易地思之의 태도를 지니는 것이다. 육체의 근육뿐만 아니라, 마음의 근육을 늘려야 마음의 문을 활짝 열 수 있다.

  권혜진의 시구처럼 "삶이 버거워 휘청거릴 때 조용히 어깨를 내어 주는" 괜찮은 사람이 그립다.

2023. 6. 22.

경청의 꽃

아카펠라(a cappella)는 악기 연주 없이 사람이 부른다는 의미이다. 지휘자 없이 합창해야 하므로, 팀웍이 중요하다. 오래전부터 종교음악에서 악기 연주 없이 사람의 목소리만으로 찬송하여 더욱 경건한 마음을 표현했다. 고등학교 친구 몇 사람이 만든 중창단 '아카펠라 리즈보이스'에서 활동한 지 열셋 해에 이른다. 얼마 전 모교 교실 준공식에서 사용할 교가를 아카펠라로 동영상을 만들어 제공했다. 세계 최초로 아카펠라로 부른 교가일 것이다.

'아카펠라 리즈보이스'는 2010년 3월 출발했다. 한 친구가 자녀 결혼식에 아버지 친구가 축가를 불러주면 감동적이겠지 않겠느냐며 제안했다. 경기지역에 있는 고등학교 친구 18명이 모였다. 매월 2회 아카펠라 강사를 초청해 2시간 동안 연습했다. 직장에서 바쁜 일이 있으면 늦게라도 참석했다. 한 친구는 인천에서 서울까지 왕복 3시간의 거리를 지하철을 세 번씩 갈아타면서 빠지지 않고 참석했다. 다른 친구는 장모님께서 위독하셔서 순천에서 간병하면서도 짬을 냈다. 서울까지 올라와 교가 녹음에 참여했다. 이러한 마음이 모여 10여 년을 노래했다. 그동안 정이 차곡차곡 쌓여 콘크리트같이 단단해졌다.

아카펠라는 어려운 음악이다. 베이스 · 바리톤 · 테너 · 하이테너 4부로 구성된 합창이다. 반주와 지휘자가 없으므로, 서로의 눈빛으로 화음을 만들어야 한다. 처음에는 악보를 보고 목소리를 높였다. 박자를 놓치기 일쑤였다. 화음은 시골 오일장 장터에서 쏟아지는 호객과 같은 소리였다. 음악을 전공한 친구가 하나 없었다. 강사가 농담같이 툭툭 던지는 질책을 견디기 힘들어 포기할까 망설였다. 나이를 늘려 가는데도, 뾰쪽해진 감정을 누르지 못했다. 강사는 우리보다 십여 세 어렸다. 가끔은 옆자리 친구가 틀렸다고 핀잔을 주기도 했다. 강사가 한 말보다 마음이 더 아팠다. 어떤 친구는 그러한 소음 속에서도 곧잘 졸았다. 몇몇 친구는 불편한 마음을 이기지 못하고 얼굴을 끝내 보여주지 않았다.

친구 자녀 결혼식에서 처음 연습한 '10월의 어느 멋진 날'을 불렀다. 결혼식에 참석한 친구는 화음보다 우리의 열정에 박수를 보냈다. 하객은 아버지 친구들이 부르는 축가라서 더 감동했다. 한 친구가 아들 결혼식의 축가를 부탁했다. 결혼식장은 강남 삼성동에 있는 한전 대강당이었다. '마법의 성'을 불렀다. 한 파트에서 박자를 놓쳤다. 넓은 강당이어서 서로의 눈빛을 볼 수 없었다. 친구의 소리를 듣기도 어려웠다. 음향시설도 부족했다. 물론 연습이 부족한 탓이 클 게다. 피로연에서 단원이 아닌 한 친구가 화음도 맞지 않는 축가를 왜 부르냐며 핀잔을 줬다. 참석한 하객은 여기저기서 감동의 눈빛을 보내주었다.

  시간이 흐르면서 연습하는 날을 기다렸다. 친구와 함께 있는 게 좋았다. 단장 친구가 회사 건물 지하 공간을 음악실처럼 꾸며 연습실로 제공했다. 수년의 세월이 서로의 눈빛을 읽게 했다. 서로 친구의 소리를 들으려고 했다. 스스로 목소리를 낮췄다. 서로의 마음이 오선지를 타고 감미롭게 흘러갔다. 가끔은 멜로디를 놓치고 음정이 틀리기도 하지만. 강사가 불러준 노래를 녹음해서 출퇴근길과 집에서 들었다. 아카펠라처럼 삶의 길도 한 번 더 되새겨 봤다.

  연습이 끝나면 함께 식사한다. 노래연습보다 더 기다리는 시간이다. 와인 한잔으로 대화의 물꼬를 튼다. 친구가 와인셀러를 제공했다. 직장에서 받은 긴장이 풀어졌다. 가슴을 짓누르고 있던 가장이라는 무거운 짐이 어느덧 친구의 웃음으로 가벼워졌다. 학창시절, 어떤 색으로도 채색되지 않았던 청명한 시절로 돌아갔다. 연습하는 내내 하얀 도화지 위에 무엇이라도 새롭게 예쁘게 그릴 수 있을 것 같았다. 이 시간은 어떤 사회적 직위도 없이 이름만으로 존재한다. 친구와 빈 허공을 보며 웃는다.

  10여 년 동안 십여 번의 결혼식 축가와 대 여섯 번의 발표회를 했다. 경비를 갹출해서 공연장을 대여하고 관객을 모아 아카펠라 공연과 함께 식사를 주었다. 가끔 단원 가족 송년회가 되기도 했다. 가족은 회사에 다니면서 바쁜 시간을 쪼개 연습하고, 친구와 의미 있는 여가활동을 하는 아버지를, 남편을 자랑스러워했다.

　아카펠라 단원으로 노래하려면, 다른 단원이 내는 소리를 먼저 들어야 한다. 자기 소리는 낮춰야 한다. 눈빛도 나눠야 한다. 귀가 두 개인 이유가 있을 터. 귀 두 개로 다른 사람이 하는 말을 담아야 한다. 한 귀라도 흘려들으면 다른 사람이 하는 말이 귀찮은 게다. 두 귀를 아예 닫는 사람은 귀가 없는 거나 마찬가지다. 두 귀를 활짝 열고 소중하게 들으면 상대를 귀하게 여기는 거다. 우리에게 귀가 두 개인 까닭이다. 아카펠라 단원으로 활동하면서 귓문 여는 법을 깨달았다.

　우리 단원이 부른 교가를 까마득한 후배가 단순히 교가로 듣지 않았으면 한다. 세상살이하면서 다른 이의 소리를 먼저 경청하길. 자신이 맡은 일에 최선을 다하며 협업하는 마음을 기르길. 더불어 내는 소리가 삶의 가장 아름다운 합창이란 걸 깨닫길.

　허공을 걸어가는 새떼의 노래가 곱디곱다.

2023. 11. 21.

종심從心을 바라보며

몰입(flow)은 무언가에 흠뻑 빠져있는 심리적 상태이다. 물 흐르는 것처럼 평안한 느낌이라고 긍정심리학자 칙센트미하이가 이야기했다. 2014년 말 회사를 퇴임한 후 박사 학위 종합시험 준비로 두 달 동안 책 속에 파묻혔다. 몰입이 예기치 못한 퇴임으로 받은 스트레스를 넘기는 책갈피 속으로 숨겨 주었다.

함께 근무했던 회사 직원이 송별회 일자를 물었다. 향후 진로를 확정하지 못한 상태에서 후배 앞에 나서기가 쑥스러웠다. 종합시험 준비로 바쁘다고 거절했다. 여기저기서 위로의 전화가 빗발쳤다. 일단 한국을 떠나고 싶었다. 겨울이라 갈 곳이 마땅치 않았다. 다행히 이민 간 친구가 사는 호주는 여름이었다. 움츠렸던 몸과 마음을 조금이나마 풀어낼 수 있었다. 고등학교 1학년 때 짝꿍이었던 친한 친구였다. 친구에게 갈 수 있어 더 좋았다.

 호주와 뉴질랜드의 몇 개 도시를 둘러봤다. 호주 골드코스트 해변에 퍼질러 앉아 망망대해를 바라보며 앞으로 무엇을 할까 생각했다. 아내는 내 뒷모습이 너무 처량해 보였다고 했다. 뉴질랜드 남섬 끝에 있는 밀퍼드 사운드에서 찍은 사진 속의 두 사람 얼굴에 수심의 그림자가 가득했다. 밀퍼드 사운드는 영화 '반지의 제왕'을 촬영한 곳으로 유명하다. 피오르 해협 양쪽에 늘어선 절벽과 폭포, 만년설이 절경을 이룬다. 아내는 여행하는 동안 내 눈치를 살피느라 여행이 불편했다고 한다. 훗날 즐거운 마음으로 호주여행을 한 번 더 가고 싶다고 했다.

 2015년 7월 전남대 산학협력교수에 임용되었다. 광주에서 원룸 생활은 녹록지 않았다. 선배 회사의 고문으로 기술영업을 지원하며 여러 회사를 방문했다. 방문한 모 자동차회사 임원에게 재취업을 부탁했다. 천주교 신자인데도 답답한 마음에, 지인이 유명하다고 소개한 철학원에 가서 사주를 봤다. 연말에 귀인이 나타나 큰 도움을 준다고 했다. 다행이다 싶어 마음속으로 기다렸다.

 12월 중순이 지났는데도 귀인은 나타나지 않았다. 실망했다. 드디어 12월 말 전화가 왔다. 재취업을 부탁했던 임원이 함께 회사를 옮겨 신제품을 개발하자고 했다. 경쟁사였다. 순간 망설였다. 퇴임 임원이 경쟁사로 옮겨 근무하는 것을 터부시했다.하지만 사주에서 말하는 귀인이 보내준 절호의 기회라고 생각했다. 둘째가 대학 1학년이니까 졸업할 때까지만 눈 감고, 귀 닫고 살려고 했다. 주변 누구에게도 상의하지 않고 결정했다. 마음이 흔들릴 것 같았다. 비난의 소리가 여기저기서 들려왔다. 그 회사는 가족기업으로 80세가 넘는 회장이 직접 경영했다. 외부에 온 직원은 1년도 못 버틴다는 소문이 파다했다. 8년째 근무하고 있다. 어디든 사람 하기 나름이다.

 항상 미래를 준비했다. 또다시 직장을 옮기면 필요할 자격증을 준비했다. 공부에 몰입하는 순간은 모든 것을 잊고 평안해졌다. 엔지니어의 꽃인 기술사 자격증을 비롯해 5개의 자격증을 취득했다. 한 친구는 "취득만 하지 말고 취소도 하며 살아라."라고 했다. 미래에 대한 준비, 자격증 취득이 자신의 인정에 대한 갈망과 같은 가짜 노동이 아닐까. 데니스 뇌르마르크와 아네르스 포그옌센은 『가짜 노동』에서 "가짜 노동에 의한 시간 낭비를 멈추고 여가로 깊게 사유하고, 일과 삶의 의미를 되찾아야 한다."라고 했다.

 가짜 노동이 아닌 의미 있는 삶을 살아야겠다. 청룡의 해이다. 청룡은 새로운 시작과 풍요로움을 상징한다고 한다. 작년부터 생각해 온 올해 꼭 하고 싶은 계획이 하나 있었다. 쉽지 않은 계획이지만, 여기저기서 찬성과 반대의 다른 이야기가 들려온다. 이상과 현실은 다르다고도 했다. 프랑스 작가 라퐁텐의 우화집에 실린 「팔려가는 당나귀」가 생각난다. 아버지와 아들이 당나귀를 시장에 팔러 갈 때, 아들이 당나귀를 타고 가면 젊은 것이 불효막심하다고 욕먹고, 아버지가 당나귀를 타고 가면 매정한 아비라고 욕했다. 주변 사람의 의견을 따랐다가 당나귀는 강물에 빠져 죽었다. 주변 사람의 뒷담화로 자기 의지를 실행하지 못한 탓이다. 몸이 힘들어도, 이해타산에 맞지 않아도, 가끔은 다른 사람을 위한 진짜 노동을 해야 할 나이인 것 같다.

　공자는 70세를 종심從心이라고 했다. 자신이 바라는 뜻대로 무슨 일을 행하여도 도道에 어긋나지 않았다는 의미다. 올해 64세로 從心을 바라본다. 망설이지 않고 신년 계획을 실천에 옮겨야겠다.

　떠오르는 청룡의 햇살이 온 누리를 따뜻하게 감싼다.

2024. 1. 2.

고봉의 마음

 지난달 직장을 그만둔 후 창업한 '더이룬컨설팅' 회사가 첫 바퀴를 굴렸다. ISO 인증에 관해 심사했다. 몇 년 전부터 이어진 일이지만, 새로운 명함을 건네는 첫 번째 일이다. 대학 선배가 광주송정역으로 마중 나왔다. 담양 죽녹원을 지나 미처 새 옷을 입지 못한 메타세콰이어 나무가 줄지어 있는 길을 따라 달렸다. 대기업에서 아무런 준비 없이 떠밀려 나온 뒤, 전남대학교에서 산학협력교수로 근무했다. 어려운 시간을 선배 도움으로 헤쳐나간 기억이 차가운 봄바람을 타고 밀려 왔다.
 광주는 인생 2막의 출발지이다. 경제 절벽에 갑작스레 빠져 심리적 압박감이 밀려왔다. 교통비를 아끼려고 KTX보다 두 배나 저렴한 일반고속을 타고 안양에서 광주를 주말에 오갔다. 시간의 불편함은 감수해야 했다. 눈 내리는 겨울 저녁, 버스를 타고 내려가는 나의 뒷모습을 보며 아내는 마음 아파했다. 그날따라 눈이 하염없이 내렸다. 시내버스가 좀처럼 오지 않았다. 택시비가 아까운 마음에 아내가 챙겨준 반찬거리를 짊어지고 대학교 앞 원룸을 향해 한 시간을 걸었다. 눈 속에 푹푹 빠지는 발자국을 돌아보며 마음을 다잡았다. 이 또한 지나가리라.

  광주는 유난히 눈이 많이 왔다. 노령산맥 끝자락에 붙어있어 함박눈을 불렀다. 대학 다닐 때 아내가 자취하던 산수동 집에서 충장로까지 골목골목을 걸었다. 후미진 골목길, 양철 갓을 둘러쓴 가로등 불빛을 받으며 쏟아지는 눈발을 가슴에 안고, 입을 맞췄던 기억이 한 폭의 추억화로 떠올랐다.

  산학협력교수는 중소기업의 기술개발을 지원하는 업무를 한다. 대기업에서 근무했던 경험과 기업 네트워크를 활용하여 대기업과 중소기업 상생 산학협의회를 진행했다. 광주 주변의 30여 개 중소기업 대표가 모였다. 근무했던 현대차 부서의 후배 팀장을 초빙하여 상생 협력방안을 제시했다.

  중소기업을 경영하는 대학 선배를 몇 만났다. 광주 원룸에서 혼자 지내는 게 외롭겠다며 몇 명의 동문과 모임을 만들었다. 골프와 저녁 식사로 순간순간의 외로움을 달랬다. 선배 회사의 고문으로 마케팅을 지원했다. 경제적으로, 정서적으로 선배의 도움을 받으며 광주 생활을 견뎌냈다.

  담양 죽녹원 뒤편에 있는 선배 공장에 도착했다. 공장은 태양열 집

열판을 잔뜩 머리에 이고 일광욕하고 있었다. 일광욕을 선사하는 햇빛이 돈을 돌려준다고 한다. 토요일인데 외국인 근로자가 일하고 있었다. ISO 인증심사를 마치고 선배는 근로자 점심을 먼저 챙겼다. 요즘은 외국인 근로자가 아니면 공장 운영하기 어렵다고 하시며, 식사라도 따뜻하게 대접해야 한다고 했다.

  순창에 있는 연잎밥 집으로 안내했다. 정갈하게 담은 반찬과 함께 흑임자죽이 먼저 나왔다. 하얀 사기그릇을 절반쯤 까맣게 물들인 죽에 아버지의 얼굴이 흐릿하게 떠올랐다. 약주를 즐기셨던 아버지는 폭음 뒤에 항상 흑임자죽을 드셨다. 맷돌에 깨알이 하나하나 부서지는 것을 보시며 어머니는 아버지의 건강을 기원하셨을 거다. 어머니의 바람을 저버리고 술은 아버지를 너무 일찍 다른 세상으로 모시고 갔다. 흑임자죽의 달콤함과 고소함이 아버지 잔상과 함께 목을 적셨다.

  연잎밥이 나왔다. 직접 재배한 연잎의 따스함 속에 27가지 잡곡이 정겹게 누워 있었다. 달콤한 돼지 불고기 쌈에 곁들인 연잎밥은 특허를 받은 조리법이라고 홍보할 만큼 혀끝에 감겼다. 문득 아내와 아기를 가진 며느리가 생각났다. 택배로 주문했다.

  문중 회의에 갔던 또 다른 선배가 부랴부랴 공장으로 돌아왔다. 얼굴이라도 봐야 한다고 하면서. 인생의 3막이 광주에서 선배의 정을 안고 또다시 출발한다.

  밥만 허기를 채우는 게 아니다. 넉넉하게 받은 마음이 고봉밥보다 배부르다.

2024. 3. 13.

신바람 나는 직장생활

1983년 3월 15일 현대자동차에 입사했다. 32년 동안 근무한 뒤, 대학 산학협력교수를 거쳐 중견기업에서 40년째 직장생활을 이어가고 있다. 많은 사람이 직장을 떠나가고 있다. 이직한 사유는 여러 가지가 있지만, 주변 사람과 갈등을 일으킨 것이 대부분 까닭이다. 90년대 초 신제품을 개발하려고 작은 태스크포스팀 리더로서 신바람 나게 일한 적이 있다.

80년대 소형버스(12인승) 시장은 현대 그레이스와 기아 봉고가 시장을 양분하고 있었다. 그레이스보다 기아 봉고의 시장점유율이 높았다. 현대자동차 상용제품개발 연구소에서는 시장을 석권하려면 신제품을 내놓는 게 절실했다. 과장인 나를 팀장으로 대리, 사원 7명으로 신제품 컨셉 설정을 위한 태스크포스팀을 꾸렸다.

그때 일 년이 52주인 것을 실감했다. 경쟁사를 압도하려고 국내 최초의 1.5박스 타입 RV형 승합차 개발을 목표로 했다. 제품 컨셉을 설정하고 경영층을 설득하려고 노력했다. 태스크포스팀은 주중은 밤 10시까지 주말은 오후 6시까지, 중요한 보고가 있는 전날은 밤 12시까지, 1년 내내 한 주도 쉬지 않고 일에 매달렸다.

주변 부서장은 태스크포스팀이 어떤 동력으로 저렇게 열심히 일하는지 의아해했다. 우리는 시작과 끝을 항상 함께했다. 모든 업무는 철저히 분담하고 자기 업무가 먼저 끝나도 퇴근하지 않고 다른 직원 업무를 도왔다. 밤 10시쯤 업무를 함께 마치면 회사 앞 당구장에 가서 치킨을 먹으면서 스트레스를 풀었다. 어느 일요일에 한 팀원이 피곤해서 회사를 가지 않으려고 했다. 아내가 당신이 안 가면 다른 직원이 수고를 더 할 텐데 하면서 출근시킨 적도 있다. 우리는 한 가족이었다.

어떤 팀원이 조부상을 당했다. 긴급한 보고를 앞두고 있고 연이은 야근으로 팀원들이 많이 피곤해했다. 나는 대표를 정해 문상을 다녀오자고 제안했다. 팀원은 피곤하더라도 조를 나누어 업무에 공백 없이 다녀오자고 했다. 울산서 청송까지 겨울에 야간 문상을 다녀왔다. 한참 후에 조부상 당한 직원은 대통령 선거 지원단으로 차출되었다. 3개월의 지원단 업무를 마치고 새로운 사업을 구상하느라 퇴사하려고 했다. 그러나 팀원의 끈끈한 정이 그리워서 직장을 떠날 수 없다고 했다.

리더십은 비전과 목표를 제시하고 구성원을 이끌어 가는 힘이다. 유능한 리더는 구성원을 신뢰하고 동기를 부여한다. 90년대 초는 리더십이라는 단어가 유행하지 않을 때이다. 이런 시절에 작은 태스크 포스팀은 어떻게 52주 동안 한주도 쉬지 않고 재밌게 일할 수 있었을까? 국내 최초의 1.5박스 타입 RV형 승합차를 우리가 개발한다는 자부심이 있었다. 팀장과 팀원 전체가 업무를 서로 돕고 어려운 일을 함께 나누는 믿음이 있었다. 어떤 부서장은 저 팀은 신바람으로 일하는 것이라고 했다.

직장생활을 하려면 개인 업무역량도 중요하지만, 주변 사람과 생긴 갈등을 풀어내는 소통 능력 향상이 더 중요하다. 상대방의 입장에 공감하고 아픔을 함께 나눠야 직장생활을 즐겁게 할 수 있다.

2023. 2. 19.

마침 또 다른 시작

사무실 밖으로 나왔다. 2월의 마지막 날, 다른 날보다 밤바람이 차다.

41년 동안 짊어졌던 삶의 지게를 벗었다. 회사 임직원으로서 가장 큰 권리는 자기 의지로 당당하게 사표를 내는 것이다. 첫 번째 직장인 대기업에서는 32년 동안 근무하고도 앞날을 걱정하며 자기 선택권을 삭제당한 채 퇴임했다. 이번에는 회장의 만류를 뿌리치고 편안한 마음으로 회사 정문을 나섰다. 용인 요양병원에 계신 어머니를 고향 순천으로 모시고 잠시라도 함께 지내는 시간을 마련할 요량으로. 두 아들이 사회에서 자기 몫을 하며 사는 것도 결단의 날을 세우게 했다.

1983년 3월 15일, 울산에 있는 현대자동차 제품개발연구소에 입사했다. 당시 현대그룹은 자동차회사에서 적자를 기록했다. 글로벌회사로 도약하려고 4,000억 원에 달하는 대규모 투자와 함께 신입사원을 모집했다.

스물네 살의 어린 나이로 대학을 졸업하자마자 입사했다. 입사 동기 가운데 절반 정도는 군대를 다녀오지 않은 동갑내기였다. 연구원에게 병역특례 혜택을 주었다. 경영층에서는 불이 꺼지지 않는 연구소를 주창했다. 주중은 밤 10시까지, 토요일은 오후 5시까지 근무했다. 서울에 사는 동기는 선보러 간다는 핑계로 토요일 12시에 퇴근했다. 속으로 부러웠다. 나는 입사했던 그해 5월에 결혼해서 그런 핑계를 댈 수 없었다.

입사 초기에는 일본 자동차회사의 도면에 쓰여 있는 일본어를 지우고 한국어로 바꾸는 설계업무를 했다. 일본 자동차회사의 기술을 도입하던 시대였다. 공고를 졸업한 제도사와 대학을 졸업한 연구원이 한 조를 이루어 설계했다. 제도사와 호흡을 맞추는 일이 설계업무보다 더 중요할 때가 많았다. 일본 도면의 일부와 글자를 지우고 연구원이 한국 실정에 맞게 변경한 내용을 제도사가 그렸다. 연구원이 가끔 틀리면 제도사는 지우고 다시 작업해야 했다. 제도사가 짜증을 많이 냈다. 고참 제도사는 연구원의 지시를 따르지 않을 때가 있어 몇몇 동기는 힘들어했다.

동기가 있어 좋았다. 대형 설계부 차량기술과에 다섯 명의 동기가 입사했다. 모두 동갑내기였다. 이리저리 몰려다니며 과장에 대해 뒷담화를 즐겼다. 스트레스를 푸는 한 가지 방법이었다. 40여 년이 지난 지금도 가끔 만나 그때 이야기를 하며 웃는다. 지난주 혼자 거주하시는 어르신을 위해 도시락을 만들어 전달하는 봉사활동에 참여했다. 도시락을 함께 만드는 젊은 친구가 어떤 이름을 싫어했다. 이유를 물어보니 직장 상사 이름이라는 것이다. 그냥 그 이름이 싫다는 것이다. 상사의 질책을 연상하였을 것이다. 상사와 직원의 관계는 예나 지금이나 변함이 없는 모양이다.

　2007년 2월 26일, 이사 대우로 진급했다. 아득하게 멀리 보이던 별 하나가 어깨 위에 어렵사리 내려앉았다. 7년 동안 근무했던 팀을 떠나며, 12명의 팀원에게 손으로 직접 쓴 편지를 전해 주었다. 팀장으로서 겪었던 개개인의 고마웠던 순간과 고치면 좋을 것 같은 내용을 적었다. 12명 가운데 막내가 대표로 다섯 페이지의 답장을 보냈다. 간단한 인사와 함께 "팀장님은 저에게 상당히 무서운 존재였습니다. 신입사원으로 처음 팀에 왔을 때 관심을 많이 주셔서 몰랐는데, 월요일 업무회의 때 과장을 눈에서 번갯불이 튀도록 나무라시는 걸 보고 굉장히 놀랐습니다. 나도 무언가 잘못하면 저렇게 혼나겠구나 싶어 열심히 일했습니다. 앞으로 직원을 나무라실 때는 개인적으로 불러서 지적해 주시면 좋겠습니다. 그렇지만 팀장님께서 좋은 차를 개발하려고 항상 열심히 공부하는 모습이 너무 좋았습니다."라고 적었다.

　2014년 12월 26일, 오전 9시쯤 인사담당 임원이 사무실로 찾아왔다. 저승사자가 찾아온 것이다. 무덤덤하게 그동안 수고했다는 인사말과 함께 퇴임 서류를 내밀었다. 함께 일했던 직원에게 마지막 인사를 하고 11시쯤 사옥을 빠져나왔다. 허탈했다. 32년 동안 근무했던 회사였다.

2015년 7월 부임한 전남대학교 산학협력교수를 거쳐 2017년 2월 자일자동차에 고문으로 입사했다. 경쟁사로 옮긴 것이다. 현대자동차를 배신했다는 이야기가 여기저기서 들려 왔다. 친하게 지냈던 후배 임원 몇몇조차 내가 경쟁사 직원이 되었다고 멀리했다. 서운했다. 많은 인연이 끊어졌다. 하지만 둘째 아들이 아직 대학교에 다니고 있어서 돈을 벌어야 했다.

2024년 2월 27일, 84세의 명예회장님이 나를 찾았다. 외부에서 온 많은 임원이 이삼 년밖에 버티지 못했는데, 7년 동안 일하며 매사에 정직하게 얘기하여 고맙다고 하셨다. 비상근 고문으로 인연의 끈을 연결하고 고향에서 어머니를 모시는 일이 끝나면, 다시 회사로 돌아와서 도와달라고 하셨다. 자신이 죽으면 꼭 문상 오라고 하시며, 사무실 문밖까지 나오셔서 악수를 청하셨다. 파킨슨병으로 떨리는 두꺼운 손에서 아버지의 따스한 정이 흘렀다.

직장에 몸담은 마흔한 해의 마침표, 내 삶의 또 다른 접속어로 봄을 잇는다.

2024. 3. 5.

Chapter

3

순천만: 송재주(전, 청암대학 교수)

선線

첫 만남은 설레기 마련이다. 낯선 담 안으로 첫발을 들이기가 무거웠다. 머뭇거리다가 발걸음을 내딛었다. "마음은 왠지 / 즐겁고, 설레고, 기대감으로 / 가득 차올랐다"라는 용혜원 시인의 「첫 만남」이라는 시구가 떠올랐다.

작년 송년회 때 회사 동기가 은퇴한 후 계획한 것을 이야기했다. 봉사하며 살겠다는 말도 했다. 미적거려 왔던 공익사업 법인에 가입하려고 신청했다. 프로필을 보내고 회원 적격심사를 받았다. 심사에서 탈락하는 사례도 있다고 했다. 운영위원장인 친구가 추천하여 심사 위원이 문제 삼은 게 없이 빠르게 가입했다.

10여 년 만에 신년 하례회 겸 신입회원 환영회에 참석했다. 5시에 시작한 모임에 신입회원이 늦을까 봐 퇴근 시간을 1시간 정도 앞당겨 출발했다. 30분 일찍 도착했다. 신입회원이 먼저 와서 회원을 맞는 게 머쓱해서 주변을 배회했다. 15분 전쯤 들어갔다. 다행히 신입회원이 7명 있었다.

외로움을 벗겨 주리라 기대했던 친구는 차가 고장 나서 늦었다. 기존 회원인 예비역 장군이 회원 한 사람 한 사람에게 나를 신입회원이라고 소개했다. 별 세 개를 달았던 장군의 위엄보다 시골 이장의 친근함이 묻어났다. 장군의 자상함 덕분에 외딴 섬에 갇힌 분위기에서 탈출했다.

자기를 소개하는 건 쉽지 않다. 저 사람은 어떤 세상에서 살았을까 하는 호기심 가득한 눈빛이 나에게 쏟아졌다. 내 목소리가 자꾸 떨렸다. 200자 내외의 자기소개서를 써서 외우고 또 외웠는데. 가치 있는 삶을 함께 일구어 나가는 장터에 초대해줘서 감사하다고 말문을 열었다. 간단한 경력과 함께. 작년에 등단한 새내기 작가이지만, 정 작가라고 불러주면 글을 잘 쓸 수 있겠다고 했다. 웃음이 터졌다.

공익사업 법인의 등록 회원은 120여 명이고 30~40여 명이 활동한다. 대부분 회원은 도시계획, 건축업계에서 일한다. 회원의 경력이 편중되어 있고 오십 대의 회원이 대부분이다. 육십이 넘어 새로운 모임에 잘 적응할 수 있을까 걱정이 앞섰다. 봉사라는 선한 목적은 있었지만. 회원 친구는 몇몇 신입회원은 회원과 섞이지 못해서 얼굴을 보이지 않았다고 했다. 자기가 그어 놓은 선을 넘지 못한 탓 일터. 한두 가지의 행사에 적극적으로 참여하여 몸을 부딪쳐 가며 서로를 알아가라고 했다.

그동안 살아오면서 이런저런 선을 하나둘 그어 나만의 영역을 지켜나갔다. 선이 많을수록 품격을 유지하는 것으로 생각했다. 상대방으로부터 사생활을 보호하려고 그은 선, 직장 선 후배 사이에 도리를 지키려고 굵게 만든 선, 친구 사이에 우정을 지키려고 밑줄 그은 선에 이르기까지. 치열한 삶의 현장을 헤쳐 나가려고 여러 가지 선을 긋고 방패로 삼았다.

다양한 삶의 물결이 이는 바다로 흘러 들어가야겠다. 한 사람 한 사람, 삶의 여정에서 그은 선을 알아차려야 한다. 누구든 나름대로 그은 선을 존중해야 한다.

지금까지 이런저런 기대감으로 낯선 테두리 안으로 들어갔다. 인문학 포럼, 독거노인 도시락 봉사, 미얀마를 포함한 해외 저소득 국가 지원 사업 등 다양한 사업을 소개했다. 법인 대표는 좋은 사람과 함께 좋은 일하는 게 기쁨이라고 이야기했다. 십시일반으로 더 나은 세상을 가꾸고 있다.

나를 감싸고 있었던 방패의 선을 하나둘 지워야겠다. 좋은 사람과 함께 가치 있는 삶을 살기 위해 뚜벅뚜벅 걸어가려고 한다.

추운 겨울 달밤, 기러기 떼가 앞서거니 뒤서거니 날아간다.

2024. 1. 8.

따뜻한 정

 6시, 알람이 울린다. 토요일 아침, 여느 때 같으면 9시까지는 이불 속에서 뒤척였다. 처음으로 참가하는 도시락 봉사를 하는 날이라 나태해지려는 몸을 채근한다. 어제 사다 둔 샌드위치를 한 입 베어 물고 나선다. 홀로 거주하는 어르신에게 드리려고 도시락을 만들어 전달하는 봉사이다.

 아침 8시부터 10시까지 도시락을 준비하여 노인 급식소에 배달하고 일부는 직접 집까지 찾아가서 전해 드린다. 다행히 20분 전에 도착했다. 1월 초 사회봉사를 하려고 가입한 공공협력원을 통해 도시락 봉사 참가를 신청했다. 하나둘 사람이 모이기 시작한다. 의외다. 대부분 젊은 친구다. 500여 명이 속해 있는 SNS 대화방에 도시락 봉사에 대해 공지하면, 몇 분 만에 마감된다고 한다. 젊은 친구의 봉사에 대한 열정이 대단하다. 이번은 17명이 참가해서 175명에 이르는 도시락을 만드는 일이다. 17명 가운데 12명이 20대 후반이었고 내가 나이가 가장 많다.

도시락 봉사는 코리아 레거시커미티(KOREA LEGACY COMMITTE)에서 주관하는 행사다. 이 사단법인은 2015년에 설립한 비영리 청년 단체다. 노인 빈곤이라는 사회적 문제에 대한 인식을 개선하고 기금을 마련하는 것을 목표하고 있다. 우리나라 젊은 세대에게 노년 인구가 겪고 있는 어려움을 알리고 문제해결을 위해 함께 고민하며 노력한다.

풍요로운 사회를 만들려고 한평생 피땀을 흘린 노인세대는 노후를 위한 준비를 하지 못한 채 빈곤에 빠져 있다. 한국보건사회연구원이 발표한 2022년 빈곤통계연보에 의하면, 65세 이상 1인 가구는 187만 명이다. 1인 가구 노인 10명 가운데 7명은 빈곤한 상태이다.

도시락 만들기에 앞서 진행자가 부탁한다. 17명이 175명의 홀로 거주하는 어르신에게 일주일을 살아가는 온기를 넣어 드리자. 마지막 행복한 한 끼가 될 수 있다는 마음으로 사랑을 담아 도시락을 만들자고.

여섯 명은 주방에서 반찬을 만들고 나머지는 홀에서 반찬을 도시락에 담는 일을 분담한다. 반찬 재료 손질은 홀에 시작한다. 양파와 양배추의 껍질을 벗기고 난 후 채로 썬다. 60여 년을 살아오면서 몇 번이나 주방에서 칼질했을까 기억이 가물가물하다. 칼은 내 마음대로 움직여 주지 않는다. 10여 분 칼과 씨름했을 뿐인데 허리가 아프다. 양파 냄새는 홀을 가득 메워 눈을 뜰 수 없다. 창문을 열어젖힌다. 차가운 바람이 몸을 떨게 했지만, 가슴만은 따뜻하다. 집에서 출발할 때, 아내가 집에서도 부엌 봉사를 해달라고 한 말이 귓전을 맴돈다.

반찬을 준비한다. 오늘 도시락은 밥, 불고기, 김치, 양배추 조림, 약과로 차린다. 두 줄로 서서 자기가 담당한 밥과 반찬을 도시락에 담는다. 건너편에서 20대의 젊은 남녀가 서로 웃음 주고받으며 따뜻한 정을 하나하나 채운다. 젊은 친구가 주말에 다른 중요한 일이 많이 있을 것인데, 어떻게 봉사에 참여했냐고 물었다. 아침에 늦잠 자는 것보다 아침 일찍 나와서 봉사하고 돌아가면 마음이 뿌듯하다고 한다. 다른 젊은 친구는 회사에서 톱니바퀴처럼 돌아가는 기계 속의 부품처럼 의미 없이 지내다가, 어르신을 위한 따뜻한 한 끼에 정성을 보탠다는 생각에 가슴이 벅차다고 한다.

40여 년 동안 치열한 삶의 현장에서 나 자신을 위해 뛰었다. 주변의 어두운 데를 외면했다. 젊은 친구의 이야기를 들으니 부끄럽다. 한편 고맙다. 우리 사회의 미래를 만들어 갈 젊은 친구가 어려운 사람을 향한 선한 마음을 행동으로 옮기고 있다는 게 대견스럽다.

집으로 돌아오는 길, 차가운 바람이 귓불을 따시게 만진다.

2024. 2. 5.

나는 여기에 왜 있는가

　순천고 재경 독서 모임 〈독한 친구들〉에서 이번 달 도서로 '존 스트레레키'의 『세상 끝의 카페』를 선정했다. 신국판(152x225mm) 200페이지의 작고 얇은 책이어서 우선 맘에 들었다. 『웰씽킹』의 저자 켈리 최는 추천하는 말에서 "읽을 준비를 한 사람에게만 이 책이 나타난다고 한다."라고 했다. 얇은 책이 최근 7년 연속 유럽의 올해의 베스트셀러에 선정되었고 19초마다 한 권씩 팔렸다. 삶의 의미, 존재 이유를 다루고 있어서 단숨에 읽었다.
　주인공 존은 소진된 인생의 배터리를 여행으로 충전하고 싶었다. 여행 초입부터 상황은 원하는 것과 정반대 방향으로 흘러갔다. 고속도로가 막혀 차를 돌려 다른 길로 빠져나가다 길을 잃었다. 주유소나 패스트푸드점이 하나 없는 허허벌판 길을 달렸다. 연료 계기판 바늘이 E로 시작되는 빨간 선 밑으로 미끄러져 내려갔을 때, 멀리서 불빛이 보였다. 네모진 건물 지붕 위에 '세상 끝의 카페'라고 쓰여진 파란색 네온간판이 반짝였다. 웨이트리스인 케이시가 메뉴판을 주었다. 메뉴판에는 여러 가지 음식 메뉴가 적혀 있었다. 뒷장에 '기다리면서 생각해볼 것'이라는 제목 아래 다음과 같은 세 가지 질문이 있다. '당신은 왜 여기에 있습니까? 죽음이 두렵습니까? 충만한 삶을 살고 있습니까?'

'당신은 여기에 왜 있습니까?'라는 질문은 존재에 관해 묻는다. 가장 행복한 사람은 바로 자신의 존재 목적을 찾아낸다. 이런 사람은 목적을 이루는데 도움이 된다고 케이시는 얘기한다. 녹색바다 거북이는 물의 흐름에 맞춰 움직인다. 파도를 거스르는 방향으로 결코 헤엄치지 않는다. 자기가 나아가려는 방향으로 갈 때 파도의 힘을 적극적으로 활용한다. 지금 쓸데없는 일에 에너지를 낭비하고 있으므로, 나중에 진짜 원하는 것을 할 수 있을 때, 쓸 힘이나 시간이 남아 있지 않을 수 있다.

재충전을 위해 휴가를 떠난 한 사업가가 찾은 어느 마을의 행복한 어부 이야기를 식당 주인이자 주방장인 마이크가 한다. 어부는 매일 아침 아내와 아이들이랑 식사한다. 몇 시간 동안 낚시해서 가족과 충분히 먹을 만큼 생선을 잡고 나면 낮잠을 잔다. 저녁을 먹은 뒤 아내와 바닷가를 산책하며 석양을 본다. 사업가는 어부의 생활을 이해하지 못한다. 이 이야기를 듣고 존은 현재 어떻게 살아야 할지 잘 모르고 있다는 사실을 깨닫는다. 그는 일하는 데 너무 많은 시간을 할애

한다. 나중에 퇴직하고 나서 먹고살 돈을 충분히 모으고 싶어 한다. 하고자 하는 일을 하면서 만족스럽게 살 수 있는 순간이 바로 오늘이라는 걸 깨닫는다.

메뉴판의 두 번째 질문은 '죽음이 두렵습니까?'이다. 마이크는 스스로 존재 이유를 묻고 존재 목적을 충족시켜줄 수 있는 일을 선택한다. 이런 일을 하면서 살고 있다면 죽음을 두려워할 이유가 없다고 한다. 세 번째 질문에서 존재의 이유를 알고 목적을 발견하고 목적을 이루려고 살아가는 게 충만한 삶이라고 존은 생각한다.

존은 '세상 끝의 카페'에서 케이시, 마이크 그리고 앤에게서 배운 방법을 동원한다. 매일 조금씩 시간을 내어 원하는 일, 하고자 하는 일을 시작한다. 새로운 것을 시도하고 배울 기회를 측량한다. 언제부터인가 존재 이유와 그것을 충족할 방법을 찾는다.

영화 〈꾸뻬씨의 행복 여행〉에서 돈 잘 버는 사업가 '애드워드'는 "은퇴한 뒤 뭘 해야 할지 모르므로 계속 일한다. 나의 행복을 연장하는 길은 계속해서 일하는 것이다"라고 한다. 삶에서 무엇을 추구해야 할지 모르기 때문이다. 최인철 교수는 『굿 라이프』에서 행복은 좋은 기분과 자신의 삶에 대한 만족과 삶에 대한 의미 이 세 가지를 경험하는 상태라고 했다. 세 가지를 경험하려면 첫째, 경험, 시간, 관계를 위해 돈을 써야 한다. 둘째, 소중한 사람과 함께 해야 한다. 셋째, 좋아하는 일을 해야 한다. 품격 있는 삶이란 당장 나의 행복에 도움이 되지 않지만, 타인의 행복에 기여하는 삶, 인생의 맞바람과 순풍을 모두 기억하는 삶이다.

존은 퇴직 후 먹고살 돈을 충분히 모으려고 일하는 데 너무 많은 시간을 할애한다. 에드워드는 은퇴한 뒤 뭘 해야 할지 모르기 때문에 계속 일한다. 나도 41년째 직장생활을 하면서 계속 고민하고 있다. 의미 있는 삶, 품격 있는 삶은 무엇일까? 존재 이유를 찾고 있다.

작년 10월 초 코로나 격리 기간에 문득 생각했다. 40여 년 직장생활에서 얻은 경험을 필요한 사람에게 나누려고 맘먹었다. 경험을 정리하여 효율적으로 전달하려고 글쓰기 연습을 시작했다. 다양한 주제로 20여 편 글을 블로그, 단톡방에 올렸다. 글쓰기 선생님으로 모시고 있는 친구 교수는 어느 한 사람만이라도 공감을 줄 수 있으면 글은 소명을 다한 것이라고 했다. 친구가 어머니에 대한 글 몇 편을 보고 전화했다. 글을 단톡방에 올리지 말라고 했다. 요양병원에 계시는 어머니 생각에 너무 슬프다고. 어머니가 돌아가셨으면 좋겠다고 했다. 어머니를 어떻게 보살펴드릴 수 없는 효성을 이해했다.

존이 '세상 끝의 카페'에서 배운 것처럼, 은퇴할 때까지 기다리지 말고 매일 조금씩 시간을 내어 원하는 일, 하고자 하는 일을 하면서 존재 이유를 찾아가는 과정이 행복에 이르는 삶이 아닐까.

서녘에 걸린 석양이 품격 있게 눈부시다.

2023. 5. 26.

어느 천재 과학자의 추락

8월 15일 천재 과학자 한 명이 추락했다. 지난주 금요일 고등학교 친구와 독서 모임에서 만났다. 서은국 교수의 『행복의 기원』을 읽고 토론하는 자리였다. 행복에 대해 토론하다가 이야기가 오펜하이머로 흘렀다. 오펜하이머가 무엇이냐고 물었다. 옆자리 앉은 친구가 무식하다고 핀잔을 줬다. 친구 덕분에 코로나19 이후 3년 만에 아내와 함께 〈오펜하이머〉를 봤다. 8월 15일 개봉한 영화다.

영화 〈오펜하이머〉는 세계 최초로 원자폭탄을 개발한 맨해튼 프로젝트의 진행 과정을 그렸다. 1000페이지가 넘는 『아메리칸 프로메테우스 : 로버트 오펜하이머 평전』이 원작이다. 미국은 2차 세계대전 당시 독일 나치보다 원자폭탄을 먼저 개발하려고 영국, 캐나다와 함께 맨해튼 프로젝트를 추진했다. 맨해튼 프로젝트에 13만 명이 참여하였으며, 사용한 예산은 230억 달러(약 30조 원)에 이르렀다. 오펜하이머는 노벨상 수상자 21명을 포함한 당대 최고 과학자 6,000여명을 지휘하여 단 3년 만에 원자폭탄 3개를 만들었다. 1945년 7월 미국 뉴멕시코에서 인류 최초 핵무기 실험에서 성공했다. 같은 해 8월 6일 히로시마, 3일 후엔 나가사키에 원자폭탄을 떨어뜨렸다. 22만 명이 사망했고 일본은 항복했다. 2차 세계대전은 종전되었지만, 지구가 공멸할 수 있는 위험을 동시에 알렸다.

영화는 빠르게 전개된다. 3시간 동안 흑백과 칼라가 어우러진 장면, 과거와 현재가 교차하는 모습이 숨 가쁘게 사고를 압박한다. 노벨상을 수상한 4명의 과학자를 포함한 많은 등장인물, 다른 영화의 주연급 배우가 삽화같이 조연으로 끼어든다. 유일하게 이름과 얼굴을 접속할 수 있는 〈보헤미안 랩소디〉의 라미 말렉은 스토리의 흐름을 뒤집는 역으로 잠깐 등장한다. 유튜브에서 〈오펜하이머〉 해설 동영상 몇 편을 보고 영화를 봤지만, 한 번에 이야기를 따라가지 못했다. 두 번째 관람에서 이야기 조각을 붙였다.

파카소의 〈팔짱을 끼고 앉아 있는 여인〉, TS 엘리어트의 〈황무지〉, 스트라빈스키의 〈봄의 제전〉, 칼막스의 〈자본론〉, 힌두교 경전 〈바가바드기타〉가 한 폭의 그림으로 펼쳐진다. 예술·문학·음악은 오펜하이머의 태도와 창의성을 낳게 한 토양이다.

오펜하이머는 맨해튼 프로젝트의 총지휘자이다. 비밀유지를 위해 사방 6~7km 반경 안에 아무것도 없는 뉴멕시코 주 황무지에 로스앨러모스 연구소를 세운다. "나치보다 먼저 원자폭탄을 개발하려고", "인류 역사상 가장 중요한 프로젝트이기 때문"이라는 목표로 모국어가 다른 천재 과학자를 설득하여 모은다. 목표를 이루려고 같은 시공간 속에 모든 것을 집결한다. 연구소 기지 내에 학교, 상점, 교회를 짓고 가족과 함께 프로젝트를 진행한다. 아내 키티는 "당신만이 할 수 있어"라고 용기를 준다. 똑똑한 과학자가 서로 싸우고 누구를 내보내려 할 때, 빠르게 업무를 분장한다. "당신 도움이 필요해요", "누구도 여기서 내보진 않을 거야"라고 하면서 프로젝트팀을 하나로 만든다. 불과 3년 만에 원자폭탄 개발에 성공한다. 오펜하이머는 원자폭탄의 아버지로 불리며 타임지 표지를 장식한다.

천재 과학자, 원자폭탄의 아버지는 한순간에 추락한다. 남을 무시했기 때문이다. 미국 원자력 에너지위원회 위원장인 스트로스가 오펜하이머에게 프린스턴 고등연구소장을 제안한다. 이 자리에서 스트로스가 '구두 판매원을 했다'라고 하자, '미천한 구두 판매원'이라고 비하한다. 아인슈타인이 오펜하이머와 멀리서 이야기한 후 자기를 외면하고 지나가자, 스트로스는 오펜하이머가 자기를 음해했다고 오해한다. 오펜하이머는 미국 원자력위원회에서 공개적으로 스트로스에게 망신을 준다. 스트로스는 "난 오펜하이머에게 가혹한 일을 많이 당했지"라고 한다. 오펜하이머를 끌어내리려고 보안 인가 청문회를 사주한다. 오펜하이머의 사상과 애국심을 문제로 제기하며 소련의 스파이로 의심하는 청문회이다. 오펜하이머는 애국심은 인정받았지만, 모든 지위를 잃고 보안에 대해 인가하는 걸 거부당한다.

최재선 시인이 쓴 「나이 먹는다는 것」이란 시다. "나이 먹는다는 것은 그저 세월을 축내며 늙어가는 게 아니다 / 어제 그렇게 한 말이 누구에게 화살이었고 / 그제 그렇게 한 일이 누구에게 짐이었음을 오늘 동의하는 것이다 / 할 말이 많아지면서 사람이 그리운 시절 / 홀로 외로워지지 않고 말의 수효 줄여가며 / 나 안에 있는 나에게 자주 문안하는 것이다" 나이 먹을수록 누군가에게 상처 주는 언행을 삼가야 한다는 것이다. 말수를 줄이며 자신을 성찰하는데, 힘쓰라는 것이다.

천재 과학자, 원자폭탄의 아버지가 '어제 그렇게 한 말'이 스트로스에게 화살이 되었다. 내가 누군가에게 한 말이 행여 화살이 되지 않았을까. 사회적 지위가 높고 어떤 분야에서 전문적인 식견을 지녔더라도, 말 그릇이 적은 사람은 주변에 적이 많다. 사회적 자리나 권력 주변에 사람이 모이기 마련이지만, 잘못하면 한순간에 안개같이 사라진다. 독서 모임에서 한 친구가 행복은 '배려, 감사, 그리고 사랑'으로부터 온다고 했다. 맞장구치며 나선 길, 하늘은 이미 가을이다.

가을에는 더욱 감사하게 하소서. 더욱 사랑하게 하소서.

2023. 8. 31.

다름을 보는 눈

『논어』 자로편에 "군자는 화이부동和而不同하고 소인은 동이불화同而不和한다"라는 말이 있다. 화이부동和而不同은 "군자는 서로 다른 것을 너그럽게 받아들이고, 자기 의견을 다른 사람에게 강요하지 않는다."라는 뜻이다. '다르다'는 비교하는 대상과 같지 않다는 것이고, '틀리다'는 정한 기준에 맞지 않는 것이다. 서로 다른 것을 틀린 것으로 받아들여 갈등을 일으키는 일이 많다.

지난주 재경 고등학교 동창 독서 회원이 모였다. 목사 친구가 이종용 박사의『창조에 관한 과학과 기독교의 두 시선』을 추천했다. 저자는 양자물리를 전공한 물리학 박사로 자신이 쓴 신학박사 학위 논문을 출간한 책이다. 다윈 이후의 진화론과 기독교 학자가 주장한 과학적 창조론 분석을 통해 과학과 창조신학과의 연관성 및 다름과 협력을 시도했다. 진화과학을 생물학적 관점, 지질학 방법, 물리학 관점에서 접근하여 설명했다. 과학적 창조론을 성서문자주의 창조론·점진적 창조론·지적설계론·유신론적 진화론으로 분류하여 신학자의 논리를 다양하게 정리했다.

노벨물리학 수상자 데이브 리 박사는 과학은 우리가 실험하여 증명하고 논리를 따라서 이론적으로 설명할 수 있는 어떤 것 이상은 모른다. 위에 계신 신(창조주 하나님)만이 알 것이라고 했다. 이 박사는 과학과 기독교 신학은 서로 다른 영역을 추구하기 때문에, 독립적으로 서로 평화로운 공존을 할 수 있다는 것이다. 과학과 기독교는 현실적으로 우리에게 도움을 주고 선한 삶을 살도록 하는 게 목적이다. 서로 협력해야 한다는 말도 잊지 않았다. 서로의 영역을 인정하고 존중하는 화이부동한 주장이다.

한 친구는 책을 이해하기 어려워 목사 친구의 이야기를 경청하겠다고 했다. 무신론자인 친구는 지금까지 품었던 신에 대한 여러 가지 의문이 시원하게 해소되는 시간이길 바란다고 기대했다. 식사하기 전 게스트로 참석한 목사 친구가 우리 생각에 다름이 있을지라도 서로 인정하고 이해함으로써, 세상 가운데 선한 삶을 살아가도록 인도하여 달라고 기도했다.

저녁 식사와 함께 토론을 시작했다. 내가 종교관을 이야기했다. 대학 때 국선도 동아리 활동을 했다. 1979년 여름 수련회 때 경기도 어느 산속에서 국선도 창시자인 청산거사와 2박 3일 동안 국선도 수련을 함께 했다. 청산거사가 상단전(영안)에 관한 이야기를 했다. 상단전이 열리면 전생을 볼 수 있다고, 우주의 원리를 터득하는 것이다. 이때부터 단전호흡과 도에 심취했다. 우주의 진리를 터득하려고. 2000년 현대자동차 전주공장에서 서울 계동 사옥으로 근무지를 옮긴 후, 외로움을 달래려고 회사 옆에 있는 단학선원에서 하루 세 번씩 단전호흡 수련에 몰두하였다. 기가 역상하여 머리가 다 빠져 몇 개월 동안 가발을 쓰고 다녔다. 혼자서 도를 터득하기는 어렵다고 판단했다.

창조주 하나님을 알아가는 길은 여러 갈래라고 생각한다. 예수(기독교), 마호메트(이슬람교), 석가(불교), 소태산(원불교), 선인 등등. 이 길 가운데 나는 천주교를 선택했으나, 발바닥 신자이다. 40년 전 아버지가 돌아가실 때, 신부님이 오셔서 대세를 주셨다. 수녀이신 사촌누나의 꿈에 아버지가 나타나 나를 신자로 증명해달라고 하셨다고 한다. 누나가 영세를 받고 아버지를 위해 기도하라고 하신 뒤, 지금까지 성당에 다니고 있다.

친구 사이에 신의 존재에 대해 격론이 오갔다. 종교는 인류가 태동하면서 발원했다. 어느 영역보다 '틀림'과 '다름'에 대한 논쟁이 끊이지 않는다. 우리 독서 회원 역시 결론을 명쾌하게 내리는 것을 바란 게 아니다. 종교라는 대상을 바라보는 각자의 생각과 신앙에 대해 '틀림'과 '다름'을 지혜롭게 학습하는 자리였다. 목사인 친구는 기독교적인 관점에서, 교회에 나가지 않는 친구는 비기독교인 입장에서. 생각은 달랐지만, 주고받는 언어는 화목했다.

최재선 시인은 「숲」이란 시에서 "나무란 명사들과 / 자란단 동사들이 / 푸르단 형용사와 / 맞닿고 어울리어 / 결속된 겹문장으로 / 다붓하게 지내니"라고 노래했다.

우리는 삶의 궤적을 지나오면서 이런저런 경험으로 사물을 보는 시각이 편향되어 있다. 4차 산업혁명 시대의 급변하는 사회 변화에 맞게 편향된 시각을 조정해 어우러져야 한다. 가슴에 퇴적된 굳은살을 한 겹 한 겹 저며 내야 한다. 목사 친구의 기도처럼 서로 다를지라도 배척하지 말고, 이해하고 존중함으로써 선한 삶을 살아야 한다. 우리 현실은 어떠한가? 여의도의 나리들, 여성과 남성, 기성과 신세대에 이르기까지. 전쟁터는 아닌가?

잎을 하나씩 버리고 있는 가을 숲이 더욱 다붓하다.

2023. 11. 9.

벌교 꼬막

"간간하고 졸깃졸깃하고 알큰하기도 하고 배릿하기도 한 맛은 술안주로도 제격이었다." 무엇을 얘기하는지, 술깨나 즐기는 전라도 사람은 금방 알아차릴 것이다. 『태백산맥』에서 조정래 작가가 벌교 꼬막을 묘사한 대목이다. 새해 첫 고등학교 동창의 독서 모임을 역삼동에 있는 '마시리 벌교 참꼬막' 식당에서 시작했다. 벌교 꼬막이 고향 이야기를 데려왔다.

순천고등학교는 과거 전남 동부지역 두 개의 시와 여섯 개의 군에서 학생이 모였다. 꼬막의 생산지인 여자만 주변에 벌교, 고흥, 여천군이 있다. 이 지역에서 순천고로 공부하러 온 친구는 고향에 대한 이런저런 사연을 가지고 있다.

시금치를 데쳐내듯 슬쩍 삶아낸 꼬막이 눈앞에 자리 잡았다. 졸깃졸깃한 맛을 기대하며 집어 들었다. 꽉 다문 입을 벌리기가 여간 어려운 게 아니다. 손톱으로 틈새를 꽉 눌러야 한다. 친구가 꼬막 까는 도구를 건네준다. 집게로 꼬막 밑 부분을 벌리면 저절로 감춰둔 속살을 드러낸다. 10여 명의 친구가 둘러앉아 정신없이 꼬막을 깠다. 담백한 병어회, 간재미 찜, 새꼬막과 밥알이 어우러진 얼큰한 꼬막 장국 등 전라도 음식이 잇대어 얼굴을 내밀었다. 보성의 녹동이 고향인 주인장은 순천 사람이라고 더 살갑게 대했다.

 한 친구가 자기가 자란 율촌면 소댕이가 꼬막 주산지라고 목청을 높였다. 벌교 꼬막이 남도 꼬막의 대명사가 된 것은 조정래 작가의 『태백산맥』덕분이다. 친구가 『태백산맥』을 여태 읽지 않았다고 핀잔을 줬다. 10권의 전집이 부담되어 먼저 『태백산맥』영화를 봤다. 영화에는 벌교 꼬막 이야기가 나오지 않았다. 서점으로 달려갔다. 1권의 책장을 넘겼다. 작가는 무당 소화가 정화섭에게 아침 식사를 준비하는 장면에서 꼬막에 대해 맛깔스럽게 표현했다. TV 프로그램의 요리 시간을 보는 듯 조리방법까지 그렸다.

 율촌에서 온 친구는 어머니께서 꼬막을 캐고, 자연산 굴을 따서 학교에 다녔다며 추억의 문장을 끼웠다. 출근길에 시장통을 지나다가 좌판에 꼬막 파는 할머니를 보면 어머니 생각에 가슴이 울먹울먹 하다고 했다. 한 친구가 베트남에서 가져온 누룽지 향이 나는 40도 민속주의 강렬함이 친구의 가슴을 뜨겁게 데웠으리라.

 벌교에서 주먹 자랑하지 말고, 순천에서 인물 자랑하지 말고, 여수에서 돈 자랑하지 말라는 말을 듣고 자랐다. 군 지역에서 자랐던 친구는 학교 근처에서 자취나 하숙하거나, 기차나 버스로 통학했다. 벌교 친구는 기차를 타고 통학했다. 기차로 오가며 순천고와 순천공고 학생이 패싸움을 자주 했다.

1학년 때였다. 학급 맨 뒷줄에는 키 큰 친구가 앉았다. 모두가 동갑인 줄 알았다. 한 친구가 짝에게 반말을 하다가 호되게 맞았다. 우리보다 서너 살 많은 형이었다. 중학교 때 싸움으로 소년원에 다녀오느라 입학이 늦어진 것이다. 입에서 담배 냄새를 풍기면서도 이것저것 물으며 열심히 공부했다. 사관학교 입학이 목표라고 했다. 3학년 여름방학 때 해수욕장에서 패싸움으로 결국 졸업하지 못했다. 장교의 꿈도 사라졌다. 어머니는 개펄에서 널배를 타고 꼬막을 캐는데, 아들은 패싸움의 수렁에 빠져 헤어나지 못한 것이다.

새해 첫 독서 모임, 벌교 꼬막과 베트남 민속주가 마음을 풀어헤쳤다. 카페로 자리를 옮겨 토론을 시작했다. 토론 주제는 데니스 뇌르마르크의 『가짜 노동』이었다. 여느 때보다 많은 의견이 쏟아졌다. 발언 순서를 정했다. 고용주인 친구와 피고용인 친구가 노동을 보는 시각이 달랐던 탓이다. 드넓은 개펄에서 꼬막을 캐듯, 책장을 한 장 두 장 넘기며 가짜 노동과 진짜 노동을 구분했다.

꼬막은 채소처럼 살짝 데쳐야 제맛이 난다. 알큰한 맛을 감추려고 꽉 다문 꼬막 입을 조심스레 벌려야 졸깃졸깃한 속살을 맛볼 수 있다. 토론할 때 속을 다 드러낸 꼬막같이 자기주장만 하면 토론이 지루하다. 꼬막을 적당히 데치면 속을 보일 듯 말 듯 입술을 슬몃 벌린다. 토론할 때도 상대 의견을 존중하면서, 자기 이야기를 신중하게 해야 한다. 꼬막의 속살 맛이 슬며시 흘러나오듯이.

삶은 꼬막에서 삶의 진리, 토론의 원리를 읽는다.

2024. 1. 24.

자세히 보아야 기회가 생긴다

나태주 시인은 「풀꽃」이란 시에서 "자세히 보아야 예쁘다"라고 노래했다. 자세히 보는 것은 눈여겨본다는 것을 뜻한다. 한마디로 관찰한다는 것이다.

관찰이란 사물의 상태나 현상을 기존의 지식을 사용해서 주의 깊게 탐색하고 기술하는 활동이다. 무심코 지나간 것을 새롭게 해석해서 새로운 의미나 가치를 부여한다. 남이 보지 못하는 것을 세심히 관찰하여 얻은 정보를 연결하고 재발견한다. 기회는 언제나 남이 보지 못하는 곳에 있다.

2003년 창업한 영국 주방용품 회사 조셉조셉은 흔하디흔한 주방기구를 만든다. 900만 개 이상 판매한 접히는 도마를 개발했고, 세계 3대 디자인상 중 하나인 '레드 닷 어워드'를 11회 수상했다. 소비자는

"어떻게 이런 걸 만들 수 있을까?"라고 감탄했다. 조셉조셉 CEO 리처드 조셉은 기발한 아이디어를 관찰에서 얻었다고 한다. 오랜 시간 공을 들여 고객을 관찰했다. 30대 미혼 직장 여성 집을 방문했다.

  어떤 음식을 해 먹는가? 어떤 방법으로 요리하는가? 설거지는 얼마나 자주 하는가? 요리시간은 몇 분 걸리는지에 관해 샅샅이 조사했다. 리처드 조셉은 "바로 그곳에 기회가 있다. 가볍게 보고 지나치면 사소한 불편을 절대 찾을 수 없다"라고 했다. 40대 기혼여성 그룹 관찰을 통해 베스트셀러 '인덱스 도마'를 개발했다. 채소는 초록색, 어류는 파란색, 가공식품은 회색, 육류는 빨간색으로 구분한 도마를 한 세트로 제공하여 위생적으로 사용할 수 있다.

  세계에서 가장 혁신적인 디자인 이노베이션 컨설팅 기업인 'IDEO'는 매년 90여 개에 이르는 신제품을 디자인한다. IDEO의 혁신 5단계는 관찰→브레인스토밍→정교화→신속한 시제품 제작→실행이다. IDEO의 토머스 오버륜 디자이너는 어린이가 칫솔을 잡을 때 주먹을 쥐듯 잡아 자주 떨어뜨리는 것을 세심히 보았다. 어른 칫솔보다 손잡이 부분을 오히려 굵게 디자인하여 떨어뜨리는 일이 없게 어린이 맞춤형 칫솔을 개발했다. 1996년 출시한 이후 18개월 동안 어린이용 칫솔 시장점유율 1위를 차지했다.

  한근태 교수는 관찰력을 키우는 방법을 제시했다. 첫째, 끈질기게 매달려 관찰한다. 벌이 춤으로 의사소통한다는 사실은 알아낸 과학자는 40년간 벌을 관찰했다. 관찰력을 키우려면 인내심이 필요하다. 둘째, 시야를 넓혀 세부요소까지 본다. 같은 그림을 보더라도 중앙에

크고 중점적인 부분만 보는 게 아니라, 그늘에 가려진 부분, 작은 부분까지 본다. 자꾸 보려고 노력하면 보인다. 셋째, 집중력을 발휘해 정확히 인식한다. 똑같은 장면을 보더라도 어떤 사람은 그것을 생생하게 묘사하는 데 어떤 사람은 그렇지 않다. 집중력 차이다. 넷째, 목적을 분명히 정한다. 왜 관찰해야 하는지, 무엇을 위해 관찰해야 하는지 목적을 명확하게 가져야 한다. 목적이 있으면 그동안 그냥 지나쳤던 것이 새롭게 눈에 들어온다. 다섯째, 흥미를 보인다. 관찰력을 키우는 데 가장 중요한 요소이다. 관찰은 능동적인 행위이다. 의지가 있어야 스스로 두뇌를 사용할 수 있고 생각하고 무언가 찾아내고 발견할 수 있다.

김성호 교수는 『관찰하는 것』에서 "관찰의 대상을 찾으려면 무엇보다도 우선하여 자기 자신을 알아야 한다. 자신을 들여다보며 끝없이 이야기하면서 자신에 대해 아는 것이 필요하다. 자신이 진정 좋아하는 것, 자신이 진정 잘할 수 있는 것, 결국 자신의 가슴에서 무엇이 빛나고 있는지를 제대로 알아야 한다."라고 했다.

무심코 지나가지 말고 새로운 의미나 가치를 부여하도록 노력해야 한다. 고정관념을 버리고 차분히 생각해야 한다. 관찰에서 얻은 것을 마중물로 삼아 새로운 기회를 창조하는 삶을 살아야 할 때다.

2023. 6. 7.

상상의 꿈

아인슈타인은 "지식보다 중요한 것은 상상력이다. 지식은 한계가 있지만, 상상력은 세상의 모든 것을 끌어안는다."라고 했다. 그는 어릴 때부터 공상과 실험을 통해 자신만의 세계를 만들었다. 빛과 같은 속도로 달리면서 빛을 보면 어떻게 보일까? 라는 호기심에서 상대성이론을 탄생시켰다. 상상력은 세계와 소통하고 협력하면서 자신만의 가치와 의미를 찾아내며, 문제를 해결하고 꿈을 이루게 해준다.

하버드대학 Giorgio Ganis교수 팀은 시각적 정신 상상과 시각적 지각에 대한 뇌의 활동을 연구했다. 교수팀은 건강한 성인 20명을 두 그룹으로 나누어 한 그룹에는 나무라고 말하고 그것을 상상하게 했다. 다른 그룹에는 나무 사진을 보여주고 바로 인식하게 했다. 실험에서 나무에 대한 상상과 시각적 지각 작업을 수행할 때, 뇌 내부

활동을 뇌영상장치(fMRI)를 활용하여 분석했다. 뇌의 활동은 시각정보가 들어오는 뇌의 후두엽에서만 작은 차이를 발견했다. 전두엽과 측두엽에서는 유사했다. 연구결과로 뇌는 상상과 현실을 구분하지 않는다는 것이다. 하버드대학 연구자는 미리 마음속으로 생생하게 그려보기를 했던 학생은 거의 100%의 정확도를 가지고 일을 수행했다고 밝혔다. 상상하지 않은 학생은 단지 55%의 정확도만 달성한다는 것이다.

신경과학자 엘리에저 스탠버그는 『뇌가 지어낸 모든 세계』에서 상상만으로 운동 실력이 좋아진다고 했다. 타이거우즈는 연습을 마치고 집에 돌아오면 항상 침대에 누워 눈을 감는다. 머릿속으로 자신이 해야 할 샷을 상상한다. 골프계 전설 잭 니클라우스도 머릿속으로 영화 한 편을 펼친다고 한다. 공이 나아갈 방향, 궤도, 떨어지는 움직임까지 상상한 뒤, 자신이 어떤 스윙을 할지 상상한다. 골프의 두 대가가 모두 실력 향상을 위해 mental rehersal, 심상훈련을 수없이 반복했다. 심상 훈련으로 단순한 동작을 연습하면 동작을 수행하는 신경근육 회로가 강화되어 습관이 형성된다. 머릿속에서 악보대로 피아노 치는 연습만 해도 실력이 향상되는 원리와 같다.

에스테로더는 자서전에서 성공을 가져다주는 상상에 관해 이야기했다. "꿈을 시각화하라. 마음의 눈으로 성공한 회사, 성사된 거래, 달성된 이윤을 볼 수 있다면 실제로 그런 일이 일어날 가능성이 높다. 백화점에 입점하기 전부터 에스테 로더사의 제품이 대형 백화점에서 엄청난 판매를 달성하는 모습을 생생하게 꿈꾸곤 했다. 백화점에 입점할 때마다 수천 번씩 그렇게 했다. 그러면 내 마음속의 그림은 현실이 되었다."

　상상, 꿈은 흔히 젊은 사람의 몫으로 치부하기 일쑤이다. 인생 2막을 사는 베이비부머세대는 노사연의 〈바램〉 노랫말처럼 "늙어가는 것이 아니고 익어가는" 것이다. 상상을 잘하면 마음속의 그림이 현실이 된다. 상상은 공상이나 망상과 다르다. 상상은 그냥 되는 게 아니다. 일상에서 사물이나 자연을 눈여겨보고 귀여겨들으면서 글을 쓰는 게 상책이다. 책을 읽고 결론을 작가와 달리 내리거나, 영화 앞부분을 보고 결론을 상상해 보는 것도 한 방법이다. 매일 시간을 내어 두 눈을 감고 자신이 세운 목표나 삶에 대해 상상의 날개를 펴고 비행하면, 우리의 남은 생애가 가벼워지지 않을까.

　상상하는 사람만이 꿈을 통해 미래를 현실로 만든다.

2023. 6. 14.

술 향

다산 정약용은 둘째 아들에게 보낸 편지에서 "참다운 술맛이란 입술을 적시는 정도로 약간 취하는 데 있다."라고 했다. 아버지는 입술을 적시지도 않고 설탕물 마시는 것처럼 술을 목으로 한꺼번에 쏟으셨다. 스트레스가 불러온 술이 간암으로 돌아가시게 했다. 현진건 작가의 「술 권하는 사회」 마지막 문구처럼 그 몹쓸 사회가 아버지에게 많은 술을 권했을까?

중학교 다닐 때였다. 어느 날 저녁 어머니가 아버지를 모셔오라고 했다. 순천 웃장에 따닥따닥 붙어있는 술집을 기웃거리며 아버지를 찾았다. 아버지는 동료 교사들과 맥주를 드시고 계셨다. 함께 집으로 돌아오는 길에 고래고래 소리를 지르시며 교장 욕을 해댔다. 그 몹쓸 사회를 안주로 삼으셨던 게다. 술집에 계신 아버지를 찾으러 다니는 게 싫었다. 이런 연유로 나는 술을 싫어한다. 주량은 유전이라고 하는데, 나는 술에 약하고 주량이 얼마 안 된다.

20여 년 전 현대차가 버스사업을 중국에 진출하려고 중국 업체와 함께 시장을 조사했다. 북경, 천진, 시안, 충칭, 상해, 심천 등 주요 도시를 30일 동안 돌아다니며 버스 운행실태를 파악했다. 중국과의 비즈니스는 상대방과 술로 대화하는 것이 먼저이다. 조사 기간 내내 점심, 저녁에 알코올 도수 50도가 넘는 백주를 함께 마셨다. 주량이 소주 한두 잔 정도인 나는 술자리 견디기가 어려웠다. 중국 술자리는 참석자 모두와 한 번씩 건배하는 것이 기본이다. 작은 잔이지만 백주를 10여 잔 이상마셔야 한다. 건배하고서 입을 닦는 척하고 입에 머금은 술을 하얀 수건에 뱉었지만, 독주가 주는 고통을 견딜 수 없었다. 한두 번은 화장실에 가서 술을 토했다. 30일 동안 매일 토했던 게 결국 역류성 식도염을 불러왔다. 이런 연유로 술자리가 진저리나게 싫다.

임원이 된 뒤, 술자리가 부쩍 늘었다. 사업본부 임원들과 골프모임을 하고 저녁 술자리를 가졌다. 폭탄주 대 여섯 잔이 원 샷으로 이어졌다. 좌장인 부회장은 양주 20잔, 폭탄주 20잔이 기록이라고 자랑했다. 다른 임원도 주거니 받거니 술잔이 계속 돌아갔다. 화장실 가는 척 슬그머니 빠져나왔다. 몸이 견디지 못해 음식점 벽을 기대고 앉았다. 하늘이 노랗게 변하더니 자갈 깔린 마당이 원앙금침처럼 펼쳐졌다. 하늘을 보고 누웠더니 온 세상이 내 집 같았다. 취객이 길에 누워있는 심정을 이해했다. 술자리가 파할 때까지 누워 있다가 일행과 작별인사를 했다. 이후 주량이 약한 나를 이해해줬다. 아깝게 여기는 술을 적게 주었다. 한의사 친구가 보내준 술 깨는 환약, 날달걀, 우유, 숙취 해소 약을 먹으며 필사적으로 술자리를 버텼다. 현대차 퇴임 후 지긋지긋한 술자리에서 해방됐다.

  술은 마음을 열어주는 도구이기도 하다. 소통을 핑계로, 정을 핑계로, 더 친해지려고 술을 흔히 권한다. 술을 마시지 못하는 나는 돌아올 술이 두려워 술을 권하지 않는다. 이런 탓일까. 친구가 없는 편이다. 술에 취해 상대방의 가슴속에서 나오는 이야기를 들어줘야 하는데, 몸이 먼저 쓰러진다. 청록파 시인 조지훈은 "술에 취하지 않고 흥에 취하길 즐긴다"라고 했다.

  친구와 마주 앉아 술을 한잔 놓고 술 대신 술 향을 마시며 깊은 이야기를 오랫동안 나누고 싶다. 장맛비 그친 저녁 하늘에 별 몇 개가 이마를 맞대고 반짝인다.

2023. 7. 20.

행복의 아이스크림

 차에서 컨 라디오에서 '행복이 무엇인지 알 수는 없잖아요'라는 노래가 흐른다. 그래, 행복이 무엇일까. 어떻게 살아야 행복할까.
 아리스토텔레스는 『니코마코스 윤리학』에서 사회적 존재로서 인간이 행위를 통해 도달할 수 있는 목적 가운데 최고선을 행복이라고 했다. 유교 경전 『대학』에서 쾌족快足은 남의 시선에 연연하지 않고 자신의 삶에 만족스러운 상태라고 했다. 쾌족은 행복의 심리학적 상태를 구체적으로 표현한다. 세계에서 가장 활발하게 인용하는 행복 심리학자 가운데 한 명인 서은국 교수는 『행복의 기원』에서 "모든 것은 생존과 번식의 수단"이라는 다윈의 진화론적 관점에서 행복론을 펼친다. 행복은 삶의 최종적인 이유도 목적도 아니고, 생존을 위해 절대적으로 필요한 정신적 도구일 뿐이라고.

2년 전 큰아들 결혼식에서 최인철 교수의『굿 라이프』내용을 토대로 '행복한 삶'에 대해 주례사를 했다. 첫째, 배려하는 삶을 살아라. 자신에게 솔직해지는 자기 자신에 대한 배려가 필요하고, 너와 나를 위한 배려가 중요하다. 둘째, 돈을 잘 써라. 물건을 구입해 쌓아두는 소유가 아니라, 나만의 시간, 둘만의 시간을 갖기 위해 돈을 써라. 나아가 다른 사람과 좋은 관계를 갖기 위해 돈을 써라. 셋째, 좋아하는 일을 하고 살아라. 이렇게 어려운 세상에서 어떻게 자기가 잘하는 일, 좋아하는 일 만을 골라가며 할 수 있겠냐마는 자기가 하는 일을 좋아하고 재미를 붙이게 되면 좋은 성과가 나온다.

너희가 정말 하고 싶은 것, 의미 있는 삶이 무엇인지, 품격 있는 삶이 무엇인지, 그것을 찾는 데 시간을 쓰면서 살아라. 행복이란 어떤 목표가 아니며 소소하게 유쾌하며 일상에 만족하고 삶의 의미를 찾는 것이라고 했다. 친구 시인이「그 작위 지지 않는 꽃으로」라는 축하시를 보내와 주례사의 의미를 더 얹어줬다. 동생들이 주례사 내용이 색다르고 좋다고 하며, 전문주례로 활동해도 좋겠다고 했다.

요즘 블로그에 글을 올리고 있다. 지금까지 살아오면서 겪었던 일을 하나하나 정리하고 있는 셈이다. 이야기를 풀어내면서 당시에 기쁘거나 가슴 아팠던 감정을 다시 매만져 본다. 책을 읽고 내 경험, 감정과 연계해서 글을 쓰는 것이 즐겁다. 회사업무를 할 때는 직원과의 갈등, 일정 준수에 대한 압박으로 스트레스가 밀려 왔다. 글감을 찾으면 빨리 글을 쓰려고 흥분되고 쾌감이 밀려온다. 아내는 글쓰기를 하면서 남의 시선을 의식하지 말라고 충고한다. 알베르 카뮈는 행복해지려면 다른 사람을 지나치게 신경 쓰지 말라고 했다. 삶의 주인이 타인이 아닌 자신이 되어야 한다. 내 가슴 속 깊이 들어 있는 것을 가만히 들여다보고, 심연에 묻혀 있는 삶의 무늬를 글로 새기는 일이 고독하지만 즐겁다. 갈증을 느낄 때 먹는 아이스크림같이.

지난 광복절에 고등학교 친구 몇 사람이 만든 중창단 '아카펠라 리즈보이스' 단원 친구들과 제주도로 여행을 갔다. 승합차로 이동하는 내내 입담 좋은 두 친구가 교대로 웃음보따리를 풀었다. 오랜만에 폭소를 맘껏 터뜨리며 자유의 시간을 보냈다. 요트를 타고 차귀도 섬 주변을 1시간 동안 돌았다. 저마다 풍광과 친구 모습을 사진으로 담느라 정신이 없었다. 산들산들 부는 바람, 옥빛 바다가 즐거운 마음을 더욱 부풀어 오르게 했다. 콜로라도 대학 리프 반 교수가 그랬던가. 행복한 사람은 공연이나 여행 같은 경험을 사려고 지출을 많이 하고 불행한 사람은 옷이나 물건 같은 물질을 많이 구매한다고. 경험은 다른 사람과 함께 소비하고 다른 사람과 교류할 때 행복으로 변신한다.

저녁 식사시간에 아카펠라 리즈보이스의 향후 운영 방안에 관해 이야기했다. 연습할 때 참석률이 낮았기 때문이다. 대부분 계속 유지하자고 했다. 자녀 결혼식이 아직 많이 남아서 축가를 계속해야 했다. 노래를 매개로 친구들과 정을 나누는 게 더 중요한 일이다. 리즈보이스 단장이 마무리하면서 내년 1년 동안 요트로 세계여행을 계획하고 있다고 했다. 더 늦으면 못할 것 같다고 하면서.

행복은 아이스크림과 같이 달콤하지만, 자칫하면 녹기 쉽다. 행복 아이스크림을 오래 저장할 수 있는 냉동고는 없다. 아이스크림은 갈증이 날 때 먹어야 달달하고 맛있다. 행복의 시제는 현재다. 지금 행복해야 진정으로 행복하다. 미래를 위해 준비하느라 애쓰기보다 지금을 즐기며 행복해야 한다. 지금 한 그루 나무로 서서 살아온 세월을 나이테로 삶의 옹이를 꽃무늬로 간절히 새긴다.

지금을 간절하게 산 자만이 아이스크림 같은 행복을 맛볼 수 있지 않을까.

2023. 8. 17.

Chapter

4

막내딸 루이

말의 항아리

성서에서 솔로몬은 "사람은 그 입의 대답으로 말미암아 기쁨을 얻나니 때에 맞는 말이 얼마나 아름다운고."(잠언 15:23)라고 했다. 직장에서 회의를 많이 한다. 2만여 개의 부품을 조립하여 생산하는 자동차회사에서는 더욱 그렇다. 갑자기 밀려온 주문을 요구한 시점에 맞추어 공급하려고 생산프로젝트 회의를 곧잘 한다. 다급한 생각에 고성이 오가고, 서로의 마음에 말로 생채기를 내기도 한다.

매주 월요일, 제품생산을 위한 프로젝트 회의를 했다. 베트남공장, 중국공장, 한국 본사가 참여했다. 부품을 한국과 중국에서 베트남공장으로 공급해서 완성차를 생산하여 수출한다. 코로나로 인한 경기불황으로 인원을 대폭 감축했다. 올해 초, A국가에서 대량물량을 주문받았다. 적은 인원으로 생산하다 보니, 여기저기서 신음이 터져 나왔다. 수출판매팀은 납기를 독촉하고 생산팀은 부품공급 지연을 탓했다. 자재팀은 부품업체를 채근하느라, 코로나 기간에 무너진 공급사슬을 회복시키는 게 어려웠다.

신음은 회의실에서 천둥소리로 변했다. 감정이 섞인 날 선 말을 쏟아냈다. 자기감정을 못 이겨 책상을 치기도 했다. 왜 약속한 날짜에 부품을 공급하지 않느냐고 다그쳤다. 상대 쪽에서도 열악한 부품업체의 사정을 이야기하며, 지지 않고 목소리를 높였다. 공장에 와서 직접 생산해보라고 맞받아쳤다. 2시간 동안 시장통 같은 회의가 이어졌다. 더글러스 스톤 교수는 『대화의 심리학』에서 "나는 옳고 당신은 틀렸다."라는 자세를 가지고 대화에 임하는 사람이 많다고 했다. 이러한 자세가 대화에서 갈등을 해소하는 최대의 적이라는 것이다.

회의할 때 마주 앉아 서로 눈빛을 보면서 말 속에 담긴 감정까지 읽어야 한다. 적절한 끄덕임과 "그런 사정이 있었구나."라는 상대편 사정을 이해하는 태도를 전달해야 한다. 세 개 나라에서 영상으로 회의에 참여하기 때문에 눈빛과 눈빛을 마주칠 수 없었다. 상대편 이야기를 차분히 들어주지 못했다. 목소리를 높여 부품공급 일정만 채근했다. 눈빛이나 표정을 잘 볼 수 없으니 목소리만 듣고 감정싸움으로 이어졌다. 회의가 끝나면 논쟁을 일으킨 당사자는 물론 다른 참석자도 가슴에 감정의 앙금을 하나씩 안는다. 회의를 진행하는 나에게도 스트레스가 몰려왔다.

전에 근무했던 회사에서 이십여 년 동안 상품기획업무를 담당했다. 신제품을 개발하려고 프로젝트 회의를 많이 했다. 프로젝트 회의는 연구개발, 부품개발, 생산 부문의 투자예산과 개발 일정을 협의했다. 각 부문에서 자기 부문의 목표를 관철하려고 언성을 높인다. 이렇게 하다 보면 회의 분위기가 험악해진다. 프로젝트의 회사 전체 목표를 수립하려고 각 부문의 목표 조정을 위한 타협과 조율이 중요하다. 조율하는 과정에서 그동안 쌓았던 인간관계가 통했다. 인간관계를 쌓으려고 관련부문 직원의 경조사에 지방을 가리지 않고 참석했다. 특히 어려움을 겪은 일에는 더욱 빠지지 않았다. 슬플 때 가만히 안아주면 마음이 전해진다. 지금도 친구가 어려운 일을 당하면 빠지지 않고 참석한다. 한때, 젊은 혈기와 출세에 대한 욕망에 씌어 있었다. 날 선 말은 두꺼운 마음의 벽을 뚫지 못했다.

나이가 들어서일까? 출세의 욕구가 사라졌을까? 이제는 마음의 벽이 얇아져 자그마한 스트레스도 견디기 힘들다. 수개월 지속한 월요일 프로젝트 회의, 이번엔 어떤 일이 터질까? 매주 월요일이 되면 걱정이 앞선다. 회의에 함께 참석하시는 고문께 힘들다고 하소연 하자 "완벽하게 하려고 하지 마라. 많이 걷고 자연을 많이 보면서, 스트레스를 희석하라"라고 하셨다.

이지영 작가는 『정서조절 코치 북』에서 스트레스 감정을 조절하는 방법으로 상대의 기분을 객관적으로 이해하려고 애써야 한다고 했다. 감정이 격해지면, "저 친구도 사정이 있었겠지? 왜 그랬을까?"라고 생각하며 감정을 조절해야 한다는 것이다. 기분 좋게 상상하면서 감정을 전환하고 그림이나 사진을 보거나 즐기는 차를 한 잔 마시라고 했다.

김윤아 작가가 『말 그릇』에서 그랬던가. 사람은 자신의 품만큼 말을 채운다고. 말 그릇이 큰 사람은 공간이 충분해서 다른 사람의 말을 끝까지 듣고 받아들인다. 말로 영향력을 끼치기 전에, 말 그릇 속에 사람을 담는 법을 배워야 한다고. 고객의 촉박한 납기를 맞추려고 생산 현장의 긴박함. 이를 에워싸고 있는 열악한 생산지원 시스템. 한발 물러나 가만히 안아주고 들어 주는 넉넉한 말 그릇을 빚는 게 문제를 해결하는 열쇠가 아닐까.

　내 삶의 장독에 날 선 말을 그득히 담을 수 있는 항아리를 하나 널찍하게 들여야겠다.

2023. 9. 19.

막내딸 루이

 농림수산식품부는 2022년 동물보호에 대한 국민의식조사 결과를 발표했다. 국민 4명 가운데 1명은 반려동물을 키운다. 동물을 기르는데 월평균 15만 원을 지출한다. 반려동물을 기르는 가구 가운데 75.6%는 개를 키운다. 27.7%는 고양이를, 7.3%는 물고기를 기른다. 반려동물은 이제 가족으로 함께 살고 있다.
 반려동물은 심리적으로 안정감을 준다. 반려견과 교감하면 행복호르몬, 옥시토신이 분비된다고 한다. 엄마가 아기를 안고 젖을 먹일 때 사랑이 넘친다. 지고의 행복이다. 여기에 옥시토신이라는 호르몬이 관여한다. 심리학자 지그문트 프로이트는 환자를 대상으로 정신치료와 심리 상담을 할 때 반려견과 함께했다. 반려견 존재만으로 치료실의 긴장감이 줄고 환자는 쉽게 마음을 열고 상담한다는 것이다.

개인적으로 세 번째 반려견 푸들 '루이'를 키운다. 첫 번째는 코카 스파니엘 '산세'였다. 산세는 큰아들이 대학 다닐 때 동아리방에서 키우던 유기견이었다. 동아리방을 폐쇄하면서 집으로 데려와 함께 살았다. 산세는 아파트에서 키우기에는 덩치가 너무 컸다. 시골 처가에 맡겼는데, 몇 개월 후 홍역에 걸려 죽었다. 아파트에서 키우다가 밖에서 키우다 보니, 홍역이 걸린 성싶다. 아내가 아파트에서 키우지 못한 데 자책하며 많이 슬퍼했다.

두 번째는 말티즈 '미미'였다. 덩치가 작고 사나웠다. 자기 몸을 깨끗이 관리하고 항상 화장실에서 대소변을 봤다. 5년쯤 키웠는데, 신장염이 걸려 위독했다. 병원에 입원하고 퇴원하기를 반복했다. 아픈 몸을 끌고 뒤뚱뒤뚱 화장실 가는 게 너무 안쓰러웠다. 미미가 죽자 두 아들이 펑펑 울었다. 동물 장례식장에 가서 염하고 화장해서 묻어 줬다.

아내가 유기견 센터에서 푸들 '루이'를 데려왔다. 아침에 일어나면 루이와 뽀뽀하면서 일상을 시작한다. 루이 중심으로 가족 사이에 대화가 많이 늘었다. 아내와 말다툼하는 행동을 하면 루이가 중간에 끼어들어 짖고 뽀뽀한다. 집안에 혼자 있을 땐 루이가 큰 위안이 된다. 이런저런 이야기를 둘이서 나눈다. 미미는 침대에 올라오지 못하게 했는데, 루이는 침대에서 함께 잔다. 침대에 누워 루이를 부르면 내 옆에 팔베개하고 눕는다. 루이와 이야기하다가 내가 잠이 들었다 싶으면, 슬그머니 빠져나간다.

루이는 자기주장이 강하다. 산책할 때 가고 싶은 코스를 정해서 간다. 길가 구석의 냄새 맡는 데 몰두한다. 더럽다고 빨리 가자고 재촉하지만, 요지부동이다. 루이에게 산책은 후각을 맘껏 누리는 감각의 향연 시간이다. 가족을 무척 챙긴다. 아내와 함께 산책하다가 내가 사라지면 산책을 멈추고 올 때까지 기다린다. 루이는 막내딸인 셈이다

일본은 2022년 기준 인구 10명 가운데 3명이 65세 이상 노인인 초고령사회다. 1인 가구는 38%이다. 고령화, 1인 가구 증가와 기술발전으로 반려 로봇 시장이 커지고 있다. 소니는 1999년 세계 최초로 가정용 강아지 로봇 '아이보'를 출시했다. 200만 원이 넘는 가격에도 약 15만대가 팔렸다. 아이보는 주인의 목소리를 기억하고 스킨십을 나누며 주인의 행동에 응답했다. 2006년 생산을 중단한 후 2014년 수리서비스를 종료했다. 주인은 고장 난 아이보를 위해 사찰에서 장례식을 치렀다. 중년 이상 고령자인 주인은 장례식을 치르는 동안 작별 편지를 쓰고 눈물을 흘렸다. 아이보는 가족이었다.

소니는 2018년 인공지능 로봇 강아지 아이보를 다시 출시했다. 사람이 쓰다듬어 주면 애정을 느끼며 눈웃음을 짓는다. 사람과 사물을 인식하고 반응한다. 영어와 일본어로 대화할 수 있다. 홋카이도 분쿄대학 마코토 와타나베 교수는 "비현실적인 SF영화 속 이야기처럼 들리지만, 모두 사실이다. 인구 고령화와 저출산, 관계가 단절된 사회 속에서 로봇 강아지는 대안적 관계를 만들었다"라고 했다. 덴마크 올보르시가 진행한 연구에서 "소셜로봇이 인간의 접촉이나 보살핌을

대체할 수 없고 대체해도 안 되지만, 행복도와 삶의 질을 높이는 보조수단이 될 수 있다"라고 진단했다.

반려 로봇이 등장하는 세상이다. 반려견은 장난감 같은 존재가 아니라, 사람과 더불어 살아가는 반려자라는 인식이 배어 있다. 생명체는 서로 교감해야 한다는 점에서 반려 로봇과는 반려견은 차원이 다르다. 반려라는 단어를 사용하는 것은 초고령사회, 1인 가구 증가로 외로움과 사회적 고립을 겪는 일이 많기 때문이라는 분석도 있다.

루이는 우리 가족이다. 여행할 때마다 루이가 걱정이다. 몇 년 전, 한 시간에 걸쳐 루이와 함께 파주 벽초지 식물원에 갔다. 반려견은 입장할 수 없었다. 대부분 식당, 콘도 역시 반려견은 들어갈 수 없다. Pet Room을 운영하는 콘도가 일부 있지만, 이용하기에 너무 비싸다.

반려견을 가족으로 받아들이는 인식 변화가 필요하다. 늙고 병든 반려견을 지켜주는 반려윤리를 정착해야 한다. 시민에게 피해를 주지 않으면서 반려견과 함께하는 산책 에티켓을 지켜야 한다. 식물원, 식당, 콘도 등 다중시설에서 반려견이 입장하도록 허용해야 한다. 이에 대한 법안과 시설을 만들어야 한다.

루이야! 더 좋은 세상이 언젠가 올 거야.

2023. 4. 21.

루이와 함께 산책을

 채식주의자가 증가하고 있다. 하나금융연구소의 보고서에 따르면, 2021년 기준 국내 비건(Vegan, 채식주의자)인구가 약 250만 명으로 나타났다. 2008년 15만 명과 비교하면 꾸준히 증가하고 있다. 비건은 유제품과 동물의 알을 포함한 동물성 음식을 먹지 않는 채식주의자를 일컫는다. 며칠 전, 2016년 맨부커상을 수상한 한강 작가의 『채식주의자』를 읽었다.
 주인공 영혜는 평범한 가정주부이다. 어느 날부터 피가 뚝뚝 떨어지는 날고기를 먹는 악몽을 자주 꾼다. 악몽에서 벗어나려고 육식을 먹지 않는다. 가족 모임에서 아버지가 탕수육을 강제로 영혜에게 먹이려다 먹지 않자 뺨을 때린다. 영혜는 감정을 삭이지 못하고 자신의 손목을 칼로 긋는다. 그녀는 병원에서 "너무 많은 고기를 먹어 그 고기의 목숨이 명치에 달라붙어 가슴을 아프게 하고 있다"라고 한다.

영혜가 아홉 살 때, 개고기 국밥을 먹었다. 아버지가 자신을 문 개를 오토바이에 묶어 끌고 다니다 죽게 했다. 개가 죽어가며 품었던 원한이 영혜의 가슴에 달라붙은 것이다. 영혜는 육식을 먹지 않고 동물의 영혼을 가슴에서 떨쳐 내려고 나무가 되고자 한다. "나는 이제 동물이 아니야, 물과 햇빛만 있으면 될 거야."라고 언니에게 말한다.

부처는 『법구경』에서 모든 생명 있는 존재는 폭력과 죽음을 두려워한다. 생명을 함부로 죽이지 마라고 했다. 조선 초 함허 득통 선사는 『맹자』에서 군자는 짐승의 죽음을 측은히 여겨 푸줏간을 멀리한다는 구절을 보고 육식을 끊을 요량으로 출가했다. 창세기에도 태초에 하나님이 인간에게 주신 음식물은 채식뿐이었다는 구절이 있다. 이스라엘에서는 고기를 먹더라도 피를 제거한다. 피는 생명이기 때문이다.

2020년 이화여대 식품영양학과 조미숙 교수팀 조사에서 채식하는 이유가 동물보호(35%), 건강(36%), 환경보호(15%)로 나타났다. 동물을 보호하려고 채식하는 사람도 많다. 동물 보호론자는 동물에게도 죽음과 고통에서 벗어날 최소한의 권리가 있다며 동물권을 주장한다.

반려동물의 범위가 개, 고양이에서 파충류까지 범위를 넓히고 있다. 반려동물은 인간과 함께 살아가는 존재이다. 푸들 루이와 5년째 함께 살고 있다. 루이는 가족을 일일이 챙긴다. 아침저녁으로 문안 인사를 한다. 회사에서 돌아오면 꼬리가 떨어질 듯 몸을 흔들고, 안아주면 포근히 기댄다. 한 명이라도 외출하면 문 앞에서 엎드려 기다린다. 아들만 둘이었던 집안에 막내딸로 자리매김하였다. 1박 2일로 우리 부부가 여행할 때면 루이 걱정이 앞선다. 경기도는 사람과 동물이 함께 행복한 반려동물 복지정책을 추진한다. 반려동물 학대 방지를 위한 수의법 의학센터와 반려동물 놀이터 설치, 돌봄 비용을 지원한다.

최재천 교수는 생명이 있는 것은 다 아름답다고 했다. 하찮은 미물의 생명도 소중히 여겨야 한다. 우리 현실은 비인간적인 사육과 도살을 자행하고 있다. 암탉은 성장촉진제를 맞춰 빨리 자라게 한다. 알을 많이 낳으라고 밤새도록 불을 환하게 켜 놓은 상태로, 옴짝달싹할 수 없는 좁은 우리에 가둬 기른다. 곰에 호스를 꽂아 쓸개즙을 채취한다. 동물이 스트레스를 받는다. 개를 몽둥이로 때리면 육질이 부드러워진다며 두들겨 죽이기도 한다. 이러한 행위가 동물에 원한을 남겨, 고기를 먹는 인간이 폭력성을 갖게 하는 게 아닐까. 폭력은 물려받는 것이므로.

슬로푸드 운동을 1989년부터 전 세계적으로 전개하고 있다. 슬로푸드(Slow food)는 먹는 음식으로 맛이 좋아야 하며(Good), 환경을 해치거나 다른 생명체의 권리를 짓밟지 않아야 한다. 건강을 위협하지 않는 깨끗한 방법으로 만들고(Clean) 정당한 댓가를 받으며 음식을 만들어야(Fair) 한다.

음식을 먹을 때도 생명의 귀중함을 생각해야 한다. 한의학에서는 인간의 폭력성 없는 선한 마음은 선한 기운을 담은 음식으로부터 나온다고 한다. 선한 기운을 한마디로 말하면, 생명을 존중하는 마음을 일컫는 것일 테다. 생명을 존중하는 마음은 인류의 보편적 가치이다. 문화의 상대성을 백 번 인정한다 치더라도, 생명을 무참하게 짓밟는 행위는 폭력이다. 루이를 딸같이 기르면서 보신탕을 보는 시각도 생명성에 고착되었다.

공자는 마구간에 불이 나자 사람은 괜찮냐 하며 사람을 먼저 챙겼다. 고기를 잡을 때는 주살질은 하여도 그물질은 하지 말라고 했다. 알을 품고 있는 새 둥지를 향해 화살을 쏘지 말라고 일렀다. 루이를 기르면서 가슴을 새삼 적시는 말이다.

막내인 딸 루이와 함께 산책길을 나선다.

2023. 11. 27.

버팀목으로 사는 것

 삶의 여정을 걸어가다 지칠 땐 어딘가에 기대고 싶다. 한자 사람 '人'은 한 사람을 누군가 받치고 있는 형상이다. 도심에 있는 우리 회사는 키 큰 전나무로 둘러싸여 있다. 담 옆에 쉴 수 있는 작은 숲이 있다. 하늘로 솟구쳐 있는 전나무와 소나무가 자리를 넓게 차지하고 있다. 허리 굽힌 철쭉나무는 숲 옆구리에 힘겹게 자리 잡고 있다. 유독 한쪽으로 길게 기울어진 철쭉나무는 꼬부랑 막대기 몇 개에 의지하여 산다.
 회사는 오전 10시와 오후 3시에 10분간 쉰다. 흡연자를 위한 시간이다. 흡연자는 작은 숲에 모여 동료와 연기 호흡의 기쁨을 나눈다. 흡연하지 않는 나는 작은 숲 주변을 산책한다. 장승처럼 버티고 있는 전나무의 옆자리를 차지하고 있는 철쭉이 허리 굽혀 인사한다. 땔감으로 쓸 수밖에 없는 부러진 막대가 친구가 되어 철쭉의 얼굴을 받쳐주고 있다. 내년 봄에 자태를 뽐내려고 분홍빛 얼굴을 밀봉하고 있는 듯하다.

 버팀목은 외부의 힘이나 압력에 굴복하지 않고 맞서 견딜 수 있도록 해주는 사람이나 사물을 말한다. 버팀목은 여러 가지 용도로 쓴다. 어린나무가 뿌리를 잘 내릴 수 있도록 사각형으로 예쁘게 버팀목을 붙여준다. 태풍에 반쯤 넘어진 나무의 한쪽을 지탱해주기도 한다. 갈 길을 못 찾아 방황하는 덩굴나무가 잘 타고 다닐 수 있게 버팀목으로 길을 마련해주기도 한다.

 40여 년 회사생활을 할 때, 이런저런 모양으로 도움 준 사람이 있다. 과장 때의 일이다. 신제품을 기획하는 태스그 포스팀을 맡았다. 예닐곱 명의 팀원은 자기 업무가 끝나면 퇴근하지 않고 다하지 못한 직원의 업무를 도왔다. 주말도 없이 일하는 팀원을 보고 부서장이 힘을 모아 전폭적으로 지원했다. 기획업무 밖의 모든 업무는 맡기지 않았다. 업무의 한 단계가 끝날 때는 격려금을 주면서 팀원의 사기를 북돋았다. 지금 돌아보니, 서로가 서로에게 의지가지가 되었다.

 회사나 아파트의 정원을 가꾸려고 예쁜 나무를 옮겨 심는다. 나무가 새로운 토양에 뿌리를 잘 내릴 수 있도록 버팀목을 해주고 돌봐줘야 한다. 전주 제품개발 연구소에서 근무하다가, 2000년 서울 본사 상품팀장으로 자리를 옮겼다. 판매부서의 요구사항을 연구소에 전달하여 상품에 반영시켰다. 본사는 모든 것이 낯설었다. 연구소 출신인 엔지니어가 문과생이 주류인 판매부서에서 사용하는 언어를 쉽게 이해하기 어려웠다. 회사는 얼굴로 일하는 게 반이기 마련인데, 아는 사람이 없어 더욱 힘들었다.

어느 날 사장이 주재하는 판매전략 회의에 참석했다. 전국 판매본부장이 참석하는 중요한 회의였다. 판매를 담당하는 임원이 업무에 대해 보고하는 중간에 사장이 질문했다. 판매담당 임원이 대답하지 못하자 회의장의 분위기가 얼음장으로 변했다. 내가 대신 답변하여 회의를 순조롭게 진행했다. 이후, 판매담당 임원은 내 업무를 적극적으로 지원해 주셨다. 판매 담당 임원과 친분이 판매부서에 알려졌다. 판매본부장은 나에게 심한 공격을 하지 못했다. 판매 담당 임원의 배려로 본사에서 무난히 뿌리 내리고 일했다.

얼마 전, 며느리가 아기를 가졌다. 벌써 가슴이 벅차다. 그냥 뭐라도 많이 해주고 싶다. 할아버지가 어떤 버팀목이 되어 줄 수 있을까. 함께 글을 읽으며 한 걸음 한 걸음 세상에 발 딛게 하고 싶다. 요즘 글을 집중하여 쓰면서 그동안 책을 많이 읽지 않았다는 걸 실감한다. 시도 읽고, 수필도 읽고, 철학도 공부해야 한다는 걸 절감한다. 바쁜 마음이 의욕을 앞서는 바람에 허둥대고 있다.

버팀목은 누구에게나 필요하다. 삶의 여정을 지나오면서 많은 사람에 의지했다. 이제는 누군가에게 도움이 되어 주어야 할 때다. 복효근 시인은 "언젠가 누군가의 버팀목이 되기 위하여 나는 싹틔우고 꽃피우며 살아가는지도 모릅니다."라고 했다. 40여 년, 삶의 경험을 잘 정리하여 힘든 세상에 도전하는 사람의 언덕이 되고 싶다. 인생 후반에 서로에게 의지가 되어 줄 수 있는 친구를 찾아다니고 있다.

어제 익산에서 몇몇 문우를 만났다. 도전받았고 글을 쓴다는 의미를 얹고 돌아왔다. 글을 쓰는 것도 누군가의 버팀목이 되려는 게 아닐까. 버팀목이 되려면, 먼저 다가가서 그 사람의 마음을 잘 헤아려야 한다. 권혜진 시인이 "삶이 버거워 휘청거릴 때 조용히 어깨를 내어주라."라고 했던 것처럼. 아픔을 공감하고 따시게 안아주어야 한다.

길가의 빈 나무가 서로의 버팀목이 되어 추위를 지우고 있다.

2023. 12. 4.

행복한 장수長壽

기원전 231년 진나라는 중국을 통일했다. 진시황은 불로장생을 꿈꾸며 불로초를 얻으려고 서복을 중국 동쪽 바다 건너로 보냈다. 약 2200년이 지난 지금 하버드 의대 유전학 교수이며, 노화와 장수 분야 최고 권위자 데이비드 싱클레어 박사는 『노화의 종말』이라는 책에서 "생명의 상한은 없다"라는 유례없는 도전과 통찰을 제시한다. 장수하면 행복할까?

데이비드 싱클레어 박사는 노화를 질병이라고 했으며 치료할 수 있다고 확신했다. 나아가 우리 생애에 치료할 수 있다고 단언했다. 건강하게 장수하는 방법으로 적게 먹을 것, 간헐적으로 단식하거나 주기적으로 단식할 것, 육식을 줄일 것, 땀을 흘릴 것, 몸을 차갑게 하라고 했다.

노화를 해결하려는 연구를 수십 년 동안 꾸준히 진행해 왔다. 삶을 연장하는 기술인 생체표지추적 즉, 심장박동수가 언제 올라가고 비타민 농도가 언제 낮아지며, 항염증 호르몬 농도가 언제 올라가는지 알려주는 장치·체내이식장치·호흡분석기 등이 발전하고 있다. 세포 재프로그밍의 잠재력이 실현된다면 금세기 말에는 150세에 다다를 수 있을지 모른다고 전망한다. 2021년 기준 우리나라의 기대 수명은 83.6세이다. 의학기술의 혁신으로 수명이 150세가 된다면 약 70년을 어떻게 살아갈 것인가?

 정명희 교수는 고령화 문제를 극복하는 대책으로 첫째, 노인에게 더 많은 일자리를 마련할 것. 둘째, 노인이 사회활동에 참여하는 기회를 넓힐 것. 셋째, 양로시설을 잘 이용할 것. 마지막으로 노인층을 대상으로 지속적인 건강과 보건에 관해 교육하여 건강에 대한 과학적 마인드를 갖도록 할 것을 제안했다.

 스스로 관리할 수 있는 질병 상태에서 경제적인 여유를 가지고 사회적으로 만족한 삶을 살 때, 장수를 행복하게 누릴 수 있다. 한국보건사회연구원에서 2000년 3월에 실시한 노인실태조사에 따르면, 65세 이상 노인의 경제활동 참여율은 36.9%이다. 현재 일을 하는 이유로는 생계비 마련(73.9%)이 높은 비중을 차지한다. 노인이 거동이 불편해지면 요양 시설을 이용한다. 대부분 노인은 요양 시설(요양원, 요양병원)을 감옥이나 버려지는 곳으로 생각한다. 전국의 노인 요양원은 약 5천 개 정도에 이른다. 관리 감독이 부실하고 개인의 돈벌이 수단으로 전락했다. 요양원 내 노인 학대 사건이 지속하여 늘고 있다.

　어머니도 입버릇처럼 "나는 요양원에 안 간다."라고 말씀하신다. 점점 기력이 쇠약해져서 거동하지 못하시면 어떻게 해야 할지 고민이 많다. 수명 150세 시대가 다가오고 있다. 행복하게 장수하는 삶을 살려면 개인이 건강을 잘 관리해야 하지만, 고령화 문제에 대한 대책을 근본적으로 마련해야 한다. 특히, 노인 일자리 증대와 노인이 내 집처럼 느낄 수 있는 요양 시설을 개선하는 데 정부가 실효성 있는 대책을 세워야 한다.

2023. 1. 4.

인공지능 시대를 사는 지혜

 강의를 마치면 "질문 있습니까?"라고 묻는다. 순간 강의실은 적막 강산으로 변한다. 우리는 질문을 어려워한다. 어릴 때 많았던 호기심과 질문은 고학년이 되어가면서 주입식, 암기식 교육으로 사라진다. 아인슈타인은 "지식보다 중요한 게 상상력이다."라고 했다. 질문은 상상력과 창의성을 자극한다. 인공지능 기술의 발달로 인간의 지성을 대체할 수 있는 챗봇을 개발하고 있다. 우리는 챗봇과 어떻게 삶을 공유해야 할까?
 작년 11월 지성을 갖춘 챗GPT를 출시했다. MS사가 수조 원을 투입하면서 후원하고 있는 오픈 AI사가 개발했다. 인간처럼 시도 쓰고 질문에 답하고 인간의 지성이 언어를 통해 할 수 있는 거의 모든 일을 한다. 오픈 AI사가 추구하고 있는 최종 목표는 '범용인공지능'이다. 사람이 할 수 있는 모든 지적 업무를 해낼 수 있는 기술이다.

인공지능은 글은 읽지만, 상상할 수 없다고 한다. 상상은 과거의 경험으로 얻은 심상을 새로운 형태로 재구성하는 정신작용이다. 어렸을 때는 다양한 질문을 하면서 상상의 나래를 펼친다. 질문은 성장의 도구이며 상상력과 창의성을 키워 주는 자양분이다. 아인슈타인은 "새로운 질문이나 가능성을 제기하고, 오랜 문제를 새로운 시각에서 다루는 것은 상상력이다. 과학적 상상력은 진정한 진보를 이루어 낸다, 문제를 발견하는 것이 문제를 해결하는 것보다 중요하다."라고 했다. 좋은 질문을 발견하는 것이 얼마나 중요한지 강조한 말이다.

리더십의 대가 존 맥스웰은『인생의 중요한 다시 물어야 할 것들』에서 자신은 물론 타인의 삶을 변화시킨 질문의 중요성에 관해 이야기했다. 질문이 중요한 이유는 첫째, 질문해야만 답을 얻을 수 있다. 둘째, 질문은 꽉 막힌 문을 여는 알리바마 주문이다. 셋째, 질문은 타인과의 연결고리를 만드는 가장 효과적인 방법이다. 넷째, 질문은 사람을 겸손하게 만든다. 다섯째, 질문은 좋은 아이디어를 탄생하게 한다. 여섯째, 질문은 새로운 관점을 제공한다. 일곱째, 질문은 타성에서 벗어나게 해 준다.

4차 산업혁명 시대의 인공지능과 차별화할 수 있는 도구인 질문을 우리는 왜 활용하지 못할까? 2017년의 수업 중 질문 횟수와 관련된 통계자료(서울대 국어교육연구소)를 살펴보면 초등학생보다 중·고등학생일수록 수업 중 질문 횟수가 줄어들었다. 학생이 질문하지 않는 이유는 관심과 흥미 부족, 뭘 질문해야 할지 몰라서, 사람 앞에서 말하기 싫어서, 창피를 당할까 염려스러워 순으로 나타났다. 어릴 적부터 질문하는 것에 익숙하지 않으면, 성인이 되어서도 질문하는 것에 어려움을 겪는다. 우리는 왜 중요한 창의성의 도구를 활용하지 못할까? 질문에 대한 고정관념일까? 아니면 올바른 질문에 대한 교육 부족일까?

해외에서는 질문교육의 중요성을 인지하고 여러 가지 질문에 대해 교육한다. 특히 유대인의 성공 비결로 유대인의 특별한 교육방법이 있다. 유대인이 교육하는 방법 가운데 핵심은 질문하는 것이다. 학교에서 친구와 짝을 이루어 질문하고 답하고 토론하는 '하브루타 교육'이 대표적인 사례이다. 이 방법을 통하여 질문하는 능력을 배양하고 창의적으로 사고하는 능력을 발전시킨다.

문제 현상에 대한 인과관계 분석을 통하여 근본 원인을 밝혀 문제를 해결하는 5Why 기법을 소개한다. 미국 재퍼슨 기념관의 대리석 벽이 심하게 손상되었다. 기념관을 방문한 사람은 관리 부실로 인한 훼손이라고 민원을 제기했다. 기념관의 이미지는 날로 악화되었다. 기념관장은 대리석 보수작업을 하려 했으나 엄청난 시간과 비용 때문에 고민에 빠졌다.

컨설팅 전문가는 그에게 5Why 기법을 제안했다. 첫째 왜? 대리석이 저렇게 빨리 부식되는 걸까? 이유는 간단했다. 대리석을 세제를 사용해 자주 씻었기 때문이다. 둘째 왜? 대리석을 세제로 닦는 걸까? 기념관에 유독 비둘기가 많아 비둘기의 배설물이 많기 때문이었다. 셋째 왜? 왜 비둘기가 많은 걸까? 기념관에 비둘기 먹잇감인 거미가 많기 때문이었다. 넷째 왜? 왜 기념관에 거미가 많을까? 해가 지기 전 주변보다 전등을 먼저 켜서 거미 먹잇감인 나방이 불빛을 보고 많이 몰려들기 때문이었다. 다섯째 왜? 왜 해가 지기 전에 전등을 주변보다 먼저 켜는 걸까? 기념관 직원이 일찍 퇴근하기 때문이다. 토머스 재퍼슨 기념관은 불을 켜는 직원의 퇴근 시간을 조금 늦춤으로써, 대리석이 부식하는 현상을 방지하였다. 야근 수당은 대리석 청소보다 훨씬 적게 들었다. 이렇듯 "왜"라는 질문은 피상적인 질문을 넘어 근원적 문제를 발견하는 데 도움을 준다.

5Why 기법 등 질문하는 방법을 살펴보고 능동적으로 궁금한 것에 대해 질문하는 습관과 경험을 가져야 한다. 질문을 통해 상상력과 창의성을 계발해야 한다. 이런 자세를 가져야 발전해가는 인공지능을 활용하는 삶을 살 수 있지 않을까?

2023. 3. 2.

노마지지 老馬之智 의 지혜

17세기 철학자 베이컨은 "아는 게 힘이다.", "최고의 증거는 경험이다."라고 했다. 1955년~1965년 사이에 출생한 베이비부머는 주 60시간 이상 일하며, 80년대 연평균 7~8%의 고도 경제성장에 이바지했다. 20년~30년씩 직장에서 실패와 성공을 반복하며 경험을 많이 쌓았다. 인생 2막을 살아가는 데 귀중한 경험을 활용할 수는 없을까?

베이비부머는 대부분 아무런 준비 없이 직장을 떠났다. 100세 시대 인생 2막은 1막의 경제활동보다 긴 시간을 살아야 한다. 인생 후반기를 항해하려면 등대와 같은 비전을 세워야 한다. 은퇴자는 자기 여건에 맞게 취미생활, 귀농, 친구와 교류를 하며 시간을 보낸다. 경험한 지식과 노하우를 활용하여 사회에 이바지하는 삶의 목표 설정은 부족하다.

경험과 노하우를 의미하는 암묵지는 학습과 경험을 통해 체화되나, 겉으로 나타나지 않는 지식이다. 베이비부머는 오랜 직장생활에서 귀중한 경험과 노하우를 쌓았다. 어떤 중견기업 회장은 대기업에서 은퇴한 60세 이상의 임원을 채용한다. 머릿속에 든 것 가운데 80%만 쏟아 달라고 한다. 암묵지를 중요하게 여기기 때문이다. 지난번 블로그에 「신바람 나는 직장생활」을 올렸다. 퇴임한 경영학과 교수가 전화했다. 52주 동안 한 주도 쉬지 않고 일하게 된 비결을 물었다. 경험한 것이 리더십에서 경영학적으로 연구할 가치가 있다는 것이다.

직장에 다니면서 창업기업 멘토링을 한다. 경영대학원에서 공부한 내용을 토대로 강의식으로 진행한다. 한번은 연료전지 기업 대표와 멘토링을 했다. 대표는 경영대학원에서 수강하고 있어 멘토링 소재가 난감했다. 대표는 대기업에서 30년 동안 일한 귀중한 경험을 들려 달라고 했다. 책에서는 배울 수 없는 체화된 암묵지를.

일본에서 2023 월드 베이스볼 클래식을 펼쳤다. 우리나라는 3개 대회 연속 1라운드에서 탈락했다. 미국 메이저리그에 새로운 바람이 불었다. MZ세대를 포용하려고, 디지털 데이터에 익숙하지 않은 올드 감독이 물러나고 30대 감독이 등장했다. 2022년부터 젊은 감독 인기가 시들해지면서 성공 경험을 지닌 베테랑 감독이 높은 평가를 받기 시작했다.

휴스턴 애스트로스 '더스티 베이커' 감독(74세)은 22년 아메리카 리

그 서부지구에서 팀을 1위로 만들었다. 애틀랜타 브레이브스 '브라이언 스니커' 감독(68세)은 21년 월드시리즈에서 우승을 차지했다. 노감독의 귀환은 데이터가 아닌 경험이 중요한 가치로 평가받기 시작했다. 감독에게 필요한 능력은 데이터를 잘 활용하여 결정을 빠르고 적절하게 내리는 것이다.

  경험을 중요하게 여기는 미국 메이저리그처럼 베이비부머도 체화된 귀중한 암묵지를 사장하지 말아야 한다. 잘 발휘하도록 국가와 기업이 제도적 장치를 마련해야 한다. 사회나 기업이 발전하려면 노마지지(老馬之智)의 지혜를 무시하면 안 된다.

2023. 3. 15.

쳇GPT와 동거하기

　연암 박지원은 "옛것을 본받아 새로운 것을 창조해 낸다." 법고창신法古創新라고 했다. 최근 쳇GPT 열풍이 불고 있다. 지난 30년간 인터넷에 기록한 5조 개에 이르는 문서를 학습하여, 사용자가 질문하면 최적의 답을 알려 준다. 작년 11월 공개한 쳇GPT보다 더 똑똑해진 쳇GPT 4.0을 이번 달 출시했다. 이제 지식으로만 살아갈 수 없다. 밀물처럼 밀려오는 생성 인공지능 속에서 우리는 어떻게 살아야 할까?
　7년 전, 서울대학교 경영대학 58동 119호에서 강의를 들었다. 초대받은 전국 대학교수가 강의실을 꽉 채우고 귀를 기울였다. 서울대 박남규 교수가 〈창조와 혁신〉 강의 내용 공유를 위한 워크샵을 진행했다. 박 교수는 서울대에서 한 학기에 학생 50여 명을 대상으로 〈창조와 혁신〉을 강의했다. 이때 강의한 내용을 전국 대학교수와 공유하여 창의성 있는 학생을 많이 육성하면 좋겠다고 했다.

박 교수에게 〈창조와 혁신〉에 대한 강의와 동영상 자료를 받았다. 전남대학교 기계공학부 대학원에서 '창의적 발명사고와 혁신제품개발 프로세스'라는 과목으로 강의했다. 공학적인 수식을 다루는 기계공학부 학생이 창의적 아이디어를 발굴해나가는 여러 가지 방법을 배우면서 즐거워했다. 특히 어떤 사건을 단계적으로 나눠 분석하는 프로세스 혁신 방법인 Puzzling에는 푹 젖었다.

과학계 · 산업계 · 미술계에서 창의성 있는 사람으로 분류하는 인물의 창의성에 대한 정의를 살펴보자. 아인쉬타인은 "창의성은 순수한 호기심과 상상력에서 출발하며, 창의성의 비밀은 출처를 숨기는 것이다."라고 했다. 피카소는 "훌륭한 예술가는 베끼고, 위대한 예술가는 훔친다."라고 했다. 스티브잡스는 "만약 당신이 창의적인 사람에게 어떻게 그런 일을 했냐고 묻는다면, 그들은 약간의 죄책감을 느낄 것이다. 왜냐하면 실제로 한 것이 아니라, 무언가를 보았기 때문이다."라고 했다. 우리는 창의성을 어렵게 생각한다. 창의성은 무에서 유를 창조하는 것이 아니다. 세상에 새로운 것은 없으며, 인류가 지금껏 만들어 놓은 최고의 것을 자신이 하는 일에 접목하는 지혜이다.

창의성은 후천적으로 개발하는 것이 가능하다. Robert J. Stern 교수는 「Teaching for Creativity: A Three-Component Model of Creativity Thinking」라는 논문에서 창의성을 향상하는 방법을 다루었다. 창의성을 계발하는 많은 방법론이 있다. 러시아 발명가 겐리히

알트슐러는 전 세계 특허 200만 건을 분석하여 '창의적 문제해결을 위한 방법론(TRIZ)'를 개발했다. TRIZ는 과거의 지혜를 이용해서 현재의 문제를 해결하는 방법이다. 디자인 씽킹(Design Thinking)은 인간을 관찰하고 공감하며 문제를 정의하는 것이다. 프로토타입과 테스트의 실패를 반복하여 최선의 답을 찾는 창의적 문제해결 방법이다. 구글, 애플이 혁신 창출 방법으로 사용한다.

골드만삭스는 3월 27일 보고서에서 "생성 인공지능이 미국과 유럽 전체 직업 가운데 3분의 2에 영향을 줄 것이다. 반면에 새로운 직종이 탄생할 것이다"라고 했다. 쳇GPT는 미리 학습한 방대한 과거 자료를 토대로 요구하는 자료를 만든다. 방대한 내용을 요약하고 소설도 대필한다. 단 인터넷에 공개한 자료를 토대로 가능하다. 뇌과학자인 김대식 KAIST 교수는 "쳇GPT를 잘 활용하는 사람과 활용하지 못하는 사람"으로 구분할 수 있다고 했다.

점점 똑똑해져 가는 생성 인공지능과 함께 살아가려면, 이에 대한 지혜를 터득해야 한다. 첫째, 트리즈나 디자인 씽킹을 활용하여 창의성을 계발해야 한다. 둘째, 고정관념을 버리고 무심코 지나간 것을 새롭게 해석해서 새로운 의미나 가치를 부여해야 한다. 셋째, 자신이 경험한 것을 토대로 쳇GPT에 질문을 새롭게 하여 문제를 해결해야 한다. 생성 인공지능을 활용하지 않으면 시대에 뒤떨어진 삶을 살 수밖에 없는 시대가 이미 왔다.

우리는 쳇GPT와 사귈 준비를 얼마나 하고 있는가?

2023. 3. 30.

노년의 행복

지난주 아름다운 성당을 답사하려고 부부 여행을 다녀왔다. 3년 전부터 조은강 작가의 『나의 아름다운 성당기행』에 실은 14개 성당을 찾아 부부 여행을 시작했다. 매월 1박 2일 주말 부부 여행을 떠난다. 단둘이 하는 여행은 승용차에서 많은 시간을 보내기 때문에 수월하지만은 않다.

조은강 작가는 책에서 전동성당, 나바위성당, 풍수원성당, 공세리성당, 감곡성당, 약현성당, 가실성당, 양양성당, 수류성당, 용소막성당, 배론성지, 금사리성당, 합덕성당을 소개한다. 이번에 횡성 풍수원성당과 양양성당을 다녀왔다. 나는 성당을 그저 오가는 발바닥 신자이다. 고해성사도 부활절과 성탄절만 한다. 코로나를 핑계로 3년간 냉담자로 지내고 있다. 40년 전 아버지가 돌아가실 때, 신부님이 오셔서 대세를 주셨다. 수녀이신 사촌 누나 꿈에 아버지가 나타나 나를 신자로 증명해달라고 하셨다고 한다.

  누나가 영세를 받고 아버지를 위해 기도하라고 하신 뒤, 지금까지 성당에 다니고 있다. 풍수원성당은 1909년 강원도에서 최초로 지은 고딕 양식 건물이다. 신자가 벽돌이나 나무를 모두 직접 구해왔다. 마을에서 가장 좋은 위치에 지극정성으로 지은 성당이다. 국내 성지 순례지로 매년 성체현양대회를 열고 있다. 성당 뒤편에 있는 성모 마리아상 앞에 촛불을 밝히고 요양병원에 계신 어머니를 위해 기도했다.

  이번 여행은 이천 백사 산수유마을, 횡성 풍수원성당, 양양 남대천 벚꽃 길, 양양성당, 척야산 문화수목원, 수타사로 일정을 잡았다. 여행 일정을 짤 때 많이 고민한다. 인터넷 사진으로 본 것과 다를 때는 아내의 핀잔이 뒤따른다. 척야산 문화수목원은 아직 철쭉이 피지 않아 예쁜 사진과 달랐다. 오랜 시간 승용차로 가는 동안 이런저런 이야기를 끊임없이 잇는다. 어떤 문제를 놓고 논쟁하기 시작하면 5분도 채 안 돼, 서로의 말꼬리를 잡고 늘어진다.

  존 그레이는 『화성에서 온 남자, 금성에서 온 여자』에서 "아내는 문제에 대한 해결책을 찾는 데 관심을 두기보다 자신의 감정을 표현하고 이해받음으로써, 위안을 얻고자 한다. 남편은 뭔가 도울 생각으로 자꾸 아내 말을 가로막고 문제에 대한 해결책을 홍수처럼 쏟아 놓는다."라고 했다. 부부 여행을 한 초기에 화성에서 온 남자처럼 행동해서 금방 차 속 분위기가 냉랭해지기도 했다. 지금은 조용히 아내의 얘기를 듣고 맞장구치는 일이 많다. 여행길이 즐겁다.

여행할 때 먹을 음식을 정하는 것도 중요하다. 현지의 맛집을 찾는 게 그리 쉽지 않다. 점심은 두부찌개에 황태구이를 먹었다. 두부찌개에 돼지고기가 들어가지 않아 아내가 개운하고 맛있다고 한다. 저녁은 양양 바닷가에서 홍게가 먹고 싶다고 했다. 홍게 1kg에 9만 원이다. 둘이 먹는 데 20만 원이 훌쩍 넘었다. 한 마리만 먹을 수 없냐고 했다. 점원이 웃었다. 살이 탱탱하고 달콤한 홍게가 맛있었다. 아내가 핀잔을 줬다. 아들한테는 아파트도 사주고 차도 사주면서, 이제 우리를 위해 쓰면서 살자고 했다.

얼마 전 신문에서 '퇴직하면 뭘 하지?' 80대 선배들이 알려준 지금 해야 할 3가지'란 기사를 읽었다. 80대 선배들이 노년에 찾아온 고독을 이겨낼 방법에 대해 3가지를 제시하고 있다. 첫째, 취미 활동을 한다. 둘째, 부부가 자주 대화한다. 셋째, 부부나 가족이 함께 여행한다. 인생에서 소중히 생각해야 할 사람으로 배우자를 꼽았다. 부부가 진지하게 대화하려면, 여행만큼 좋은 것이 없다. 승용차를 타고 이동하면서 자연스럽게 대화할 수 있다. 남편은 해결책을 일방적으로 제시하지 말고 아내의 이야기를 진지하게 경청하며 공감해야 한다.

노년의 행복, 먼 데 있지 않고 부부 사이에 있다.

2023. 4. 7.

생각 여행

2017년 7월, 첫 학기를 마쳤다. 종강終講은 또 다른 시작이다. 학생으로서 맞았던 종강은 해방감이었지만, 신임교수는 다르다. 첫 학기를 무사히 마친 안도감과 함께 새로운 준비를 알린다. 학생에게 내가 의도한 것을 제대로 전달했을까. 다음 강의는 어떻게 준비할까. 퇴근길에 교정의 연못가에 앉아 과거로 생각 여행을 떠난다.

공과대학 1호관 407호. 대기업에서 퇴임하고 모교에서 산학협력중점교수로서 인생 2막을 시작했다. 회사 다닐 때 근무했던 개인 사무실보다는 작고 바닥은 카펫을 벗은 채 화강석을 드러냈다. 비서에 해당하는 조교도 없었다. 책상 위의 두꺼운 유리 밑에 말없이 누워있는 녹색천이 관공서에 온 것처럼 경직된 위압감을 얹어 주었다. 출입문에 붙어있는 407호 밑에 교수라는 명판은 대기업 퇴임의 아픔을 달래주는 위안이었다.

공과대학 1호관 이삼층에서 80년대 초 기계공학 강의를 들었다. 더벅머리의 장발을 하고 얼굴을 반쯤 가린 잠자리 안경을 쓴 채, 교정을 휘젓고 다녔던 추억이 떠올랐다. 1978년 대학에 입학했다. 중앙도서관 앞 잔디에 앉아 어떤 동호회에 가입할까 고민하였다. 공대는 여학생이 없어서 여학생이 많이 있는 동호회를 첫 번째 고려 대상으로 삼았다. 바이올린보다 크고, 첼로보다 작은 까만 악기 가방을 들고 가는 여학생이 눈길을 사로잡았다. 멋있어 보였다. 클래식 기타였다. 클래식 기타 동호회에 가입했다.

역시 여학생이 많았다. 클래식 기타는 손톱으로 줄을 튕기므로, 현을 튕기는 소리가 부드럽게 나노록 손톱 밑을 사포로 갈아서 관리해야 한다. 손톱을 사포로 미는 것이 또 하나의 고상한 과시였다. 1년 동안 카르카시 교본을 가지고 동기와 함께 단체 레슨을 받았다. 준회원 신분으로 정기 연주회가 있을 때는 포스터를 붙이고 무대를 정리했다. 연주회 뒤풀이로 충장로 뒷골목 주막집에서 선배가 사주는 빈대떡과 막걸리는 시골 신입생에게 호사였다.

단체 레슨을 함께 받는 동기 가운데 맘에 드는 여학생이 있었다. 방학 때 친구를 꼬드겨서 그 여학생을 만나러 여수에 갔다. 말 한마디 못하고 웃다가 돌아왔다. 친구의 힘을 빌리는 데 실패했다. 개학하는 날 학교 정문에서 기다렸다. 무언가 새롭게 시작하려고. 내 눈을 의심했다. 뽀글이 파마를 한 시골뜨기가 나타난 것이다. 긴 머리가 어울렸던 그녀였는데. 더 이상의 사연을 만들지 않았다. 긴 머리의 첫인상이 마음속 깊이 자리 잡았던 모양이다.

연못가의 버드나무 가지가 옛 생각을 가느다란 바람에 실려 보냈다. 20대 젊은 시절의 추억이 묻어 있는 공과대학에 중소기업 계약학과를 신설했다. 정부와 중소기업에서 대학원 학생에게 장학금을 주고 학생은 중소기업에 5년간 근무해야 한다. 대기업에 근무할 때 네트워크를 활용하여 중소기업을 모았다. 담당 교수로서 강의시간도 할당받았다. 서울대 박남규 교수가 공유해 준 「창조와 혁신」에 관한 강의 자료를 활용했다.

'창의적 발명사고와 혁신제품개발 프로세스' 과목을 기계공학부 대학원에 개설했다. 6명 학생이 수강을 신청했다. 3학점 15주 강의안을 준비하는 게 만만치 않았다. 파워포인트로 만든 수십 장의 장표가 몇 분 강의하면 훌쩍 지나갔다. 한 장의 장표로 몇 분씩 강의하는 교수가 존경스러웠다.

학생은 복잡한 이론을 다루는 기계공학 전공과 달리, 창의적 발명에 관한 사고를 다루는 여러 가지 방법에 점점 빠져들었다. 과거의 지혜를 이용해서 현재의 문제를 해결하는 방법인 TRIZ 기법이 특히 재미있다고 했다.

지방 중소기업은 인재를 구하지 못해 아우성이다. 연봉이 작은 탓이다. 학생은 경기지역 대기업에만 취업하려고 한다. 중소기업을 설득해서 연봉을 조금 인상했다. 학생에게는 대기업에서 하나의 부속품으로 일하는 것보다 중소기업에서 기업 전체를 이끌어나가는 것을 배우라고 설득했다. 모교에서 추억을 안고 가르쳤던 창의성을 개발하는 방법으로 고향의 중소기업이 발돋움하고 그 안에서 후배가 꿈을 이루었으면 한다.

오늘도 옛 추억의 바람이 중앙도서관 앞을 휩쓸고 지나간다.

2017. 7. 9.

Chapter

5

할아버지 산소에 가는 두 아들

글의 씨앗 뿌리기

　작년 시월 초하루 빅데이터 분석기사 필기시험을 치렀다. 전날 저녁부터 목이 칼칼해서 코로나를 의심했다. 시험이 끝난 뒤 병원에 가서 코로나 확진 판정을 받았다. 목이 약간 아픈 것 외에는 다른 증상이 없었다. 7일 동안 격리하면서 무엇을 할까 하고 고민했다. 산학협력 교수로 활동하면서 중소기업을 위한 창의성 향상 교육을 한 바 있다. 주변에서 창의성과 관련한 책을 써 보라고 권유했던 생각이 나서 우선 글쓰기 공부를 시작했다.

　코로나는 글쓰기 바다에 풍덩 빠뜨렸다. 처음에는 허우적거렸다. 풍부한 독서를 통해 다양한 간접경험을 가지고 자신을 솔직하게 드러내야 글맛이 난다. 40여 년 동안 회사에 다니면서 1년에 한두 권 책을 읽었다. 4~5년 전 고등학교 친구들이 만든 독서 모임에 들어

갔다. 매달 1권씩 책을 읽고 토론하였다. 책 내용을 이해하고 주제를 토론하는 것이 벅찼다. 친구들은 책의 세부 내용까지 들먹이며 열띠게 토론했다. 신입인 나는 듣는 것만으로 재미를 느꼈다.

한 편, 두 편 글을 써가며 읽는 책이 늘었다. 블로그를 조회하는 수에 신경을 많이 썼다. 글의 성적표를 보는 듯했다. 대학에서 글쓰기를 가르치는 친구는 "절대 스트레스를 받으면서 글 쓰지 말 것, 다른 사람 평가에 일희일비하지 말 것, 그냥 즐기며 행복하게 글쓰기를 하라."라고 충고했다. 블로그의 조회 수가 80~250회를 유지하다가 「상상의 꿈」이란 글은 조회 수가 58회로 뚝 떨어졌다. 긴장했다. 「상상의 꿈」은 내가 창의성 관련 책을 출간하려고 주제별로 하나씩 쓰고 있어서 더욱 그랬다. 지인 몇 명이 충고했다. 글에 인용이 너무 많고 자기 생각이 적다고 했다. 독서량이 부족하여 내면 깊숙이 있는 무엇을 끄집어내지 못한 탓이다. 최근 블로그에 올린 「아버지의 뒷모습」은 조회 수가 530회를 넘고 있다. 고등학교 SNS 대화방에 격려의 말이 이어졌다. 아픈 가정사를 드러낸 게 공감을 일으켰다. "다음 편이 기다려진다."라고도 했다. 덜컥 겁이 났다.

지난해 노벨문학상을 수상한 프랑스 작가 '아니 에르노'는 자신의 경험을 쓰고 자신의 글쓰기처럼 살라고 충고했다. 「마음 나누기」 글에서 공감은 상대방의 입장에서 생각하는 역지사지易地思之의 태도를 지닌 것이라고 썼다. 작년에 어머니께서 주신 돈을 막냇동생이 관리하면서 어머니를 위해 사용했다. 한 번에 쓰는 금액이 많아 줄여서 쓰자고 했다. 대뜸 남동생이 SNS 대화방에 개인적으로 "이래라, 저래라" 하지 말라면서, 우리는 자수성가 했다고 글을 올렸다.

나는 4남매 가운데 장남이다. 40여 년 전 울산 단칸방에서 신혼살림을 시작했다. 신입사원 월급의 절반을 본가에 보냈다. 선풍기 살 돈이 없어 부채 두 개로 슬라브 주택의 단칸방을 녹이는 폭염을 견디었다. 동생들한테는 금전적으로 도와주지 못해 항상 미안한 마음이 가슴 깊이 남아 있다. 남동생이 대화방에 올린 글은 장남의 역할을 부정하는 것 같아, 가슴에 남아 있는 상처를 짓이기는 듯했다. 즉시 전화를 차단하고 의절을 선언했다.

요양병원에 계신 어머니의 생신이 다음 달 초다. 두 여동생이 4남매가 함께 어머니 면회하자고 했다. 문득 에르노의 『자신의 글쓰기처럼 살라』는 글이 생각났다. 어머니 생신 때 4남매가 함께 요양병원에 가기로 했다. 글이 씨가 되었다. 글을 기교적으로 쓰는 글쟁이에 멋지 않고, 글을 쓴 것과 같이 자신과 사람, 나아가 사회를 바꾸는 게 글의 위력이다.

지난주 현대차 퇴임 임원 몇 명이 함께 점심을 먹었다. 한 사람이 나에게 "자기 인생은 언제부터 살 거냐?"라고 물었다. 인생 후반기에도 자식 뒷바라지하면서 나이 들어가고 건강이라도 잃으면, 인생을 즐길 수 없다는 의미로 한 말이다. 요즘 좋은 책을 많이 읽고 글쓰기에 몰입하고 있다. 마치 꿈의 시간을 사는 것처럼 행복하다. 이런 내 마음을 그는 읽어냈을까. 장석주 작가는 『글쓰기는 스타일이다』에서 "책 읽기는 유한한 시간과 공간을 넘어서서 우리에게 몇 겹의 삶을 살 수 있도록 해준다. 글쓰기는 자기 삶에 대한 발견이다."라고 했다.

  삶의 경험이 들려주는 심연의 소리를 귀여겨듣고 책과 더 많이 만나려고 한다. 내 삶의 전답에 글의 씨앗을 많이 뿌려 다가올 가을을 풍성하게 맞이하리.

2023. 7. 9.

시 여행

　지난달 최재선 시인의 일곱 번째 시집 『단 하나만으로』가 태어났다. 몇 년 동안 시인의 장독에서 숙성했던 글이다. 여느 때 받은 시집과 달리 한 편 한 편, 소리 내어 두 번씩 꼭꼭 씹어 삼켰다. 너무 어려웠다. 글을 읽었지만, 행간에 녹아 있는 시인의 속내를 헤아리지 못했다.
　옆방에서 근무하는 70대 고문과 함께 매일 점심을 먹은 뒤 회사 주변을 산책한다. 산책하면서 내가 블로그에 올렸던 글에 관해 주로 이야기한다. "단락과 단락 사이가 시냇물 흐르듯 잘 읽힌다.", "다른 작가가 쓴 글의 인용이 적절치 않다.", "글쓴이의 깊은 사유를 담지 못하고 있다.", "글에 사사로운 감정이 녹아 있다."에 이르기까지 글맛을 나눈다. 친구는 사유가 깊은 글 멘토를 옆에 모시고 있어 행복하겠다고 했다. 시집 『단 하나만으로』를 고문께 선물했다.

며칠 후 산책하면서 「강둑에 서서」라는 시가 가슴에 닿는다고 하셨다. "강이 저토록 유유한 건 / 붙잡은 것이 없이 흐르기 때문 / 우리 차마 흘려보내지 않고 / 묶어두려 했던 것 강뿐이었겠냐 / 풍성한 잎 다 내려놓고서야 / 나무는 이름 자字 목木으로 쓰고 / 바람은 얽힌 매듭 하나 없이 / 방목한 행색으로 부유하더라 / 구름의 주소는 빈칸으로도 / 머물 곳 염려한 기색 없더라 / 강이 저렇게 편안한 것은 / 쟁여놓으려 한 것 없기 때문 / 우리 강처럼 흐르지 못하고 / 더부룩하게 체한 날 하루였겠나."

한 단어 한 단어가 깊은 사유에서 나와 너무 멋있다고 했다. 강바닥에 자갈이 많으면 물이 부딪쳐 소리가 날 테고, 보를 만들면 유유히 흐르지 못할 터. 혹여 묶어두려 했던 것은 없는지, 쟁여놓으려 한 것은 없었는지 우리의 인생을 노래했다고 했다. 삶과 사유의 연륜이 시를 품는 평수를 넓힌 것일까. 나는 시집에 실린 모든 시를 소리 내어 두 번씩 읽었는데 「강둑에 서서」를 기억해내지 못했다. 감동을 깊이 받지 못했다고 하니, 그 시를 이해할 수 있는 나이가 아니라고 했다. 시인과 동갑 친구인데.

은유 작가는 사륵사륵 눈이 쌓이듯 조용하면서도 급진적인 인식의 변화를 일으키는 책 읽기가 단연 시집이라고 했다. 시인이 공들여 고르고 삭히고 매만진 언어를 곱씹어 보면, 어떤 생각이나 어떤 사물의 고정된 틀에서 벗어난다. 마침내 바라보는 윤리적 시선을 갖게 된다는 것이다. 덧붙여 시 근육이 없는 사람이 시를 어떻게 읽어야 하는

지 이야기했다. 첫째, 도통 무슨 말인지 모르는 시는 읽고서 그냥 넘어간다. 둘째, 이러다가 한 편도 이해하지 못하는 거 아닌가 싶어도 그냥 넘어간다. 셋째, 어쩌다 얻어 걸리는 시구가 있으면 밑줄을 긋는다. 넷째, 맨 끝까지 인내심을 갖고 일독한 후 해제까지 읽는다. 다섯째, 다시 시집 맨 앞으로 가서 읽을 만했던 시 위주로 골라서 소리 내어 읽는다. 여섯째, 또다시 시집을 편다. 일곱째, 체력과 시간이 허락할 때까지 반복한다.

 글쓰기를 하면서 요즘 소설이나 수필을 즐겨 읽는다. 시는 이해하기 어렵다는 선입견으로 접근하지 못했다. 막내딸 루이와 이번 달 부부 여행을 떠나면서 시집을 챙겼다. 시집은 작아서 가지고 다니기 좋고 한 편씩 골라 읽기 편하다. 시인의 속내를 알아채기는 힘들지만. 반려견 입장을 허용하는 다산 생태공원에 갔다. 곳곳에서 캠핑 의자에 편안히 몸을 안기고 글의 늪에 빠진 부부가 많았다. 나무 그늘 밑에 앉아 권혁웅 시인의 『마징가 계보학』을 펼쳤다. 눈앞에 바다처럼 버티고 있는 팔당호를 바라보며 소리 내어 한 편씩 읽었다.

 70년대 암울한 시대의 잔상이 보였다. 「독수리 오형제」의 곰돌이는 어머니와 함께 봉투를 붙여서 생계를 유지하던 친구가 초등학교 다닐 때, 선생님의 육성회비 독촉으로 학교에 가지도 못하고 뒷산에 올라가 울었다는 이야기를 떠올리게 했다. 행간에 숨겨져 있는 시인의 외침을 곧바로 알 수 없었다. 은유 작가는 소박하고 거칠더라도 자기 느낌과 생각으로 시를 읽고 해설하느라, 낑낑대는 것이 공부이자 독서의 참맛이라고 했다. 서둘러 캠핑 의자와 돗자리를 주문했다. 시집도 몇 권 샀다. 주말이면 아내와 막내딸 루이와 함께 다산 생태공원으로 시를 만나러 다닐 작정이다.

  시인의 묵히고 삭힌 사유의 언어를 어떻게 하면 스펀지같이 빨아들일 수 있을까? 읽고 또 읽고, 감정의 덩어리를 씹어가며 자기의 경험을 들춰내는 경지에 언제 이를 수 있을까?

  이 가을, 운명 같은 시 한 구절을 찾아 영혼의 날개를 달고 비행하려 한다.

2023. 9. 11.

마음의 부자가 되는 길

『목욕탕에서 만난 천만장자』를 어렵사리 받았다. 추석 무렵 경영학 박사 동기가 새롭게 출간한 책을 보냈다고 연락했다. 주위에 많이 알려 달라고 하며. 보름이 지났는데 책이 오지 않았다. 추석에 배송이 많아 택배가 지연되려니 생각했다. 한 달이 지나도 오지 않아 동기에게 확인했다. 아파트 호수를 잘못 적었다고 했다. 잘못 배달한 아파트에 책을 찾으러 갔다. 집주인이 책을 읽다 보니, 재미있어서 계속 보고 있었다며 미안하다고 했다. 부자가 되는 길에 대한 서적을 지금까지 많이 출간하였는데, 무슨 특별한 내용이 푸짐하게 들어있을까.

책을 찾아서 책장에 넣어 두었다. 400페이지가 넘는 책이어서 선뜻 눈길이 가지 않았다. 예순 살이 넘은 나이에 부자가 되는 길을 알아서, 애면글면 마음을 뺏기지 않을까 하는 마음도 들었다. 몇몇 지인은 아직도 회사에 다니는 나에게 젊은 사람의 일자리 빼앗지 말고 남은 인생이나 즐기란다. 책을 많이 입소문 내 달라는 동기 부탁이 귀에 걸려 책을 펼쳤다. 재테크에 관해 다룬 책인데도 만화책처럼 술술 책장을 넘기며 몰입했다.

박성준 교수가 출간한 『목욕탕에서 만난 천만장자』는 천만장자가 절망에 빠진 회사원에게 1박 2일 동안 부자가 되는 길을 가르쳐준다. 회사만 바라보고 뛰어온 7년 차 회사원은 어느 날, 눈앞에 나타난 세 사람으로 인해 절망에 빠진다. 코인 투자로 수십억을 번 후배, 주식 투자로 억대 수입을 올리는 중국집 배달원, 최고급 외제차를 굴리는 떡집 아주머니. 회사원은 자신을 벼락 거지로 생각한다. 토요일 등산로에 앉아 긴 한숨만 내뱉다가, 옆에 앉아 있는 채소 장수 할머니에게 절망에 빠진 속내를 털어놓는다. 할머니가 목욕탕으로 천만장자를 찾아가라고 알려준다. 목욕탕에서 천만장자의 등을 밀어주며 부자가 되는 방법을 가르쳐달라고 한다.

천만장자는 부자의 공통점 아홉 가지에 관해 사례를 들어가며 상세히 설명한다. 45세 이전에 부자가 된다. 자신의 힘으로 부자가 된다. 신용카드를 쓰지 않는다. 공부를 못한다. 머니 멘토가 있다. 엄청난 독서광이다. 사치를 부리지 않는다. 남이 보지 못한 기회를 잡는다. 부동산으로 부자가 된다. 돈 버는 시스템으로 재테크 5단계를 가르쳐준다. 비상금 모으기. 현금만 쓰기. 예산에 맞춰 생활하기. 빚 없애기. 투자하고 기다리기에 이르기까지.

그는 우리가 부자가 되지 못하는 이유를 게으름과 두려움 때문이라고 한다. 돈 버는 방법을 찾아보지 않는 게으름. 절약하고 저축하여 목돈을 만들어 투자하지 않는 게으름, 배운 것을 실천하지 않는 게으름. 실천에 대한 두려움. 새로운 일에 대한 두려움, 실패에 대한 두려움. 부자가 되려고, 재테크에 노력과 시간을 엄청나게 투자했는데도, 부자가 되지 못한다. 이유는 자신의 꿈을 이루려고, 열정적으로 하고 싶은 일을 병행하지 않기 때문이라는 것이다.

2014년 12월 31일, 회사를 떠났다. 32년 동안 회사만 바라보고 뛰었다. 허탈했다. 대부분 베이비부머가 그랬던 것처럼 별도로 재테크를 안 했다. 하루하루 조급한 날이 지나갔다. 수입이 끊어졌으니 우선 씀씀이부터 줄여야 했다. 대학 1학년을 마치고 입대를 준비하는 아들을 다그쳤다. 입대를 신청하면 대기자가 많아 6개월 이상 기다려야 했다. 인터넷으로 입대를 지원했다. 덜컥 붙었다. 한 달 만에 입대했다. 아들을 떼밀다시피 군대에 보내고 아내가 울었다. 나도 마음이 아팠다. 아버지가 경제 능력을 잃어 아들을 억지로 군대에 보낸 형국이 되었으니.

재취업은 녹록하지 않았다. 대학 선배 교수의 도움으로 지방대 산학협력중점교수에 임용됐다. 선배가 연봉도 적은 데 왜 지방까지 내려오느냐고 했다. 교수 연봉이 다녔던 회사의 십 분의 일 수준이었다. 다음 단계로 도약을 위한 발판이 필요했다. 지방의 선배 회사 고문을 병행하며 수입을 늘려갔다. 2년 후 아들이 제대하면서 동시에 나는 경기지역 중견 회사에 재취업했다. 둘은 집으로 돌아왔다.

40대 이전에 이 책을 만났으면 부자가 되었을까. 최소한 회사를 그

만두었을 때 느낀 당혹감은 없었을 것이다. 두 아들에게 이 책을 여러 번 읽어서 체득하라고 권하려고 한다. 투자에 대한 게으름과 두려움을 떨쳐버리고 열정을 쏟고 싶은 일을 하면서 돈 버는 시스템을 미리 학습하라고. 다만, 돈만 모으는 부자가 되는 건 원치 않는다.

미국 팀 샌더스 작가는 『부의 진실』에서 부자란 마음을 나눌 수 있는 사람이라고 했다. 행복하고 풍요로운 삶을 살려는 사람에게 마음을 베풀 수 있는 마음 부자가 되어야 한다고. 베이비부머는 재테크도 하지 않고 회사에서 열심히 일만 하면서, 수십 년간 자녀의 학업과 혼사를 뒷바라지했다. 노후를 즐기며 살 충분한 경제적 여유가 없다. 이제는 돈을 버는 것보다 자신이 쌓은 경력과 재능을 나누어야 할 때다. 요즘 내가 가진 것 가운데 이웃과 사회를 위해 무엇을 나누어야 할지 고민하고 있다.

마음 부자가 되는 길, 그 길을 순례하려고 길에 오른다.

2023. 11. 5.

희망의 등불

 글을 쓰면서 깊은 사유가 필요했다. 한 권 두 권 책을 읽어가며, 다급함이 앞섰다. 채사장 작가의 『지적 대화를 위한 넓고 얕은 지식 2』를 오디오북으로 읽고 있다. 출퇴근할 때, 주로 차에서 듣는다. 이 책은 철학, 과학, 예술, 종교를 시대 순으로 서술하고 있다. 각 부문의 기본적인 상식과 흐름이 귓속에 차곡차곡 쌓인다. 예술 편에서 낭만주의의 시작을 알리는 테오도르 제리코가 그린 「메두사호의 뗏목」을 소개한다.
 절망과 희망을 투영한 그림 한 점. 1819년 테오도르 제리코가 그린 「메두사호의 뗏목」이다. 난파선의 생존자였던 H. 사비니와 A. 코레아르가 체험한 것을 기록한 『메두사호의 조난』을 배경으로 삼았다. 죽음의 문턱을 넘지 않으려는 인간의 처절한 사투는 어디까지일까.

2년 전에 읽었던 『메두사호의 조난』의 줄거리가 떠오른다.

1816년 7월, 프랑스 군함 메두사호는 아프리카 세네갈로 가던 도중 난파했다. 360여 명 가운데 선장을 포함한 고위 장교는 구명정을 타고 먼저 탈출한다. 버려진 152명은 가로 20미터, 세로 7미터에 이른 뗏목을 만들어 13일 동안 표류한다. 40여 평의 뗏목은 152명에게 너무 좁았다. 붙잡고 버틸만한 난간도 없었다. 수십 명이 높은 파도에 휩쓸려 사라진다.

남은 식량과 거친 파도에 휩쓸리지 않을 좋은 자리를 차지하려고 뗏목 위에서 사투를 벌인다. 3번의 폭동으로 100여 명이 죽는다. 갈증에 못 이겨 자기 오줌을 받아먹고 배고픔을 견디지 못한다. 심지어 인육을 먹는다. 표류를 시작한 지 일곱째 날이 지나자 27명이 살아남는다. 남은 27명 가운데 건장한 15명이 회의를 마친 뒤, 먹고 마실 것이 부족하다는 이유로 심한 상처를 입은 12명을 바다에 던진다. 구조선이 도착하여 마지막까지 살아남은 15명을 구조한다.

굶주림과 갈증 그리고 죽음에 대한 공포를 견디지 못해 삼사십 명이 시커먼 바다에 스스로 몸을 던진다. 십여 년 전 송파구 단독 주택에서 살던 세 모녀가 생활고에 시달리다 모두 자살했다. 삶의 포기는 희망의 등불이 꺼졌기 때문이다. 메두사 호에서 생존한 15명은 어떤 사람이었을까. 그들은 육체에서 찾지 못한 힘을 영혼 속에서 길어 올린다. 산처럼 덮쳐오는 파도, 갈증, 배고픔, 공포와 처절히 싸워서 살아남는다.

"호랑이에게 물려가도 정신만 차리면 살 수 있다."라는 속담이 있다. 정신력을 갖추려면 마음공부를 해야 한다. 그동안 무거운 등짐을 짊어지고 마음의 갑옷을 입고 살았다. 말 속에 칼을 품고 삶의 전장에서 쉼 없이 싸웠다. 마음을 다잡을 겨를이 없었다. 앞으로 책을 읽고 사유의 깊이를 더 해야 하지 않을까. 마음의 근육을 두껍게 쌓아올려 그 속에서 희망의 등불을 지펴야 하지 않을까. 쏟아지는 커다란 파도를 육체의 근육으로 막는 데 한계가 있다. 파도와 함께 몰아치는 공포를 희망의 등불을 쳐다보며 굳건한 마음의 근육으로 맞서야 하지 않을까.

한 친구가 한 살을 더 먹으면서 노거수처럼 더 커진 몸집으로 누군가의 바람막이가 되어 주위를 살필 줄 알아야 한다고 그랬다. 알량하고 쪼잔한 마음만 늘어난 듯하여 답답하단다. 60대 중반의 내 마음이 그렇다. 나이가 들수록 더욱 쪼그라드는 가슴을 펴고 앞을 봐야 하지 않을까. 서로의 등짐을 하나둘 나누어지고, 마음의 갑옷도 벗어야 하지 않을까. 부드러운 말의 보따리에 희망을 넣어야 하지 않을까. 잠시 멈추어 서서 한숨을 돌리고 옆을 보고 뒤를 돌아봐야 하지 않을까. 깊은 늪에 빠져 허우적거리는 사람에게 따스한 손길을 내밀어야 하지 않을까. 절망을 걷고 희망의 등불을 비춰야 하지 않을까.

콩나물 한 시루만큼의 질문을 기른다.

2024. 2. 19.

마음의 고향

"글을 쓰고 싶어 하는 사람은 김승옥 작가의 「무진기행」을 먼저 읽어야 한다."라고 강신주 철학박사가 이야기했다. 「무진기행」과 관련 자료를 찾았다. 작가는 10년 전 재경고등학교 동문회에서 주최한 한마음 가족음악회 무대에서 만난 적이 있다. 순천만 연안 대대포구 앞 바다와 갯벌, 갈대밭의 체험을 담은 마음의 고향 '무진'을 그렸다.

 김승옥 작가는 내가 태어나던 해, 1960년에 순천고등학교를 졸업한 고향 선배다. 1964년 「무진기행」으로 독자의 관심을 뜨겁게 받았고, 1965년 「서울, 1964년 겨울」로 당대 최고 권위의 문학상인 동인문학상을 받았다. 만 24세로 최연소 기록이다. 차별화된 한글 문장력과 표현력을 보여 주는 4.19세대의 대표 작가로 감수성의 혁명을 일으킨 1960년대 문단의 천재작가다.

「무진기행」은 "아침에 잠자리에서 일어나서 밖으로 나오면, 밤사이에 진주해 온 안개가 무진을 뺑 둘러싸고 있는 것이다. 무진을 둘러싸고 있던 산들도 안개에 의하여 보이지 않는 먼 곳으로 유배당해 버리고 없었다."라고 서울에서 출세한 중년 남자의 2박 3일의 고향 여행을 엷은 색상이 번져나가듯 파스텔톤의 수채화처럼 그렸다.

인생의 질곡에서 늘 찾던 고향. 안개가 걷히자 갯벌에 묻힌 고향의 속살이 하나둘 드러난다. 주인공은 서울에서의 실패로부터 도망해야 할 때, 무언가 새 출발이 필요할 때, 어머니 산소를 찾는다. 돌아가신 아버지가 삶이 못 견디게 힘들 때, 할아버지 산소를 찾았던 것처럼. 6.25 전쟁 때 상급반 학생과 함께 의용군으로 트럭을 타고 전선으로 가고자 한다. 하지만 골방에 숨어 지낸다. 홀어머니 때문이다. 20년 세월의 벽을 넘어 1980년 5월 광주 민주화 운동이 한창일 때, 아버지가 엔지니어는 기술만 배우면 된다고 하시면서, 나를 광주에서 순천으로 데려가셨던 것처럼. 고등학교 동창은 광주 금남로에서 계엄군에 맞서 시위 군중을 선도하고 있었는데도.

주인공은 음악선생과 짧은 만남을 사랑으로 승화시키지 못하고 아내의 급 상경 전보에 놀라 무진을 떠난다. 나는 출세하려고 반쯤 눈 감고 사회정의는 흘려들었다. 폭주하는 출세 향 기차에서 잠시라도 내리면, 다시는 못 탈것 같아 꽉 붙들고 있었던 나와 주인공과 겹쳐 무진의 안개 속에 파묻혔다.

2013년 10월 재경 순천고 총동문회에서 장학재단 확장을 위한 한마음 가족음악회를 KBS홀에서 개최하였다. 기수별로 목표를 할당하여 장학금을 모았다. 내가 27회 재경 동문회장을 맡아 목표 달성을 위해 친구들과 꾸준히 만났다. 소모임도 하고 일일이 전화로 부탁했다. 십시일반이라고 했던가. 70명이 넘는 친구들이 동참하여 목표 금액 천만 원을 훌쩍 넘겼다. 고향 후배를 위하는 마음을 차곡차곡 쌓았다.

27회 동기로 구성된 중창단 '아카펠라 리즈보이스'도 무대에 섰다. 노래가 끝나고 김승옥 선배가 무대 위로 올라오셨다. 리즈보이스 단원이 선배 주위에 둘러섰다. 사회자가 필담으로 대화하였다. 선배는 2003년 뇌졸중으로 쓰러져 말과 글을 잃었다. 후배를 위한 격려의 말씀을 하셨다. 선배의 옆자리에 서 있었지만, 60년대 문단의 천재 작가인 것을 몰랐다.

김승옥 작가는 "서울에서 경쟁적 삶을 구가하기보다 한 번쯤 무진과 서울을 왕복하면서 좀 더 객관적으로 자신을 바라보고 세상을 경험하는 자아를 찾아야 한다. 누구에게나 자신만의 무진이 있다."라고 했다.

니체는 『짜라투스트라는 이렇게 말했다』에서 인간 정신발달 3단계로서 '낙타, 사자, 어린이'에 대해 이야기했다. 낙타는 의무와 희생의 무거운 등짐을 지고 묵묵히 사막으로 들어간다. 낙타는 고독한 사막에서 무거운 등짐을 벗어 던지고 사자가 되어 자유를 쟁취하여 사막의 주인이 되려고 한다. 사자는 자유를 창조하고 기존의 가치를 부정하는 힘을 갖는다. 마지막으로 약탈하는 사자는 어린아이로 변한다. 어린아이는 천진무구하며, 망각이며, 새로운 시작, 스스로 굴러가는 바퀴이다. 잊어버릴 줄 알아야 일을 새롭게 시작할 수 있다.

  치열한 삶의 현장에서 낙타처럼 무거운 등짐을 지고 묵묵히 걸어간다. 지치고 힘들 때, 마음속에 숨겨둔 아늑한 장소를 찾는다. 그곳이 마음의 고향일까. 어릴 때의 동심으로 돌아가 천진무구하게 새롭게 출발하고 싶어서이다.

  파란 가을 하늘처럼, 하얀 도화지 위에 그리움의 붓질을 한다.

2023. 10. 18.

친구를 찾아서

 지난주 토요일, 20여 년 만에 친구를 만나러 익산으로 떠났다. 카뮈의 『이방인』은 "오늘 엄마가 죽었다."라고 시작한다. KTX가 달리는 속도만큼 숨 가쁘게 짧은 문장으로 흐른다. 차창 밖 풍경은 이미 가을을 지나가고 있다. 기대했던 황금빛 들판은 맨몸을 드러낸다. 논 마시멜로는 또 하나의 생명을 기다린다. 친구가 시인을 소개해 준다고 했다. 맘에 들 거라며. 어떤 만남일까 설렜다.
 1997년 전주에서 근무했다. 어느 날 전화를 받았다. 고등학교 동창이라고 했다. 동창을 사칭하여 좋지 않은 일이 있었던 터라 의심했다. 졸업 20주년 기념으로 동창 앨범을 제작하고 있다는 것이다. 전주에 있는 동창 대여섯 명이 모였다. 고등학교 다닐 때는 본 적이 없는 친구들이었다. 동창이라는 끈은 우리를 바로 끈끈하게 묶었다. 한

의사 친구는 모임 때마다 술 깨는 환약을 직접 만들어 나누어 주며 술을 권했다. 등기소 다녔던 친구는 급한 일 있으면 찾아오라고 했다. 등기소에도 급행열차가 있는 모양이었다. 논술학원을 운영했던 친구는 어려운 동창 딸을 무료로 가르쳤다. 무엇이라도 도와주고 싶은 게 친구의 마음이다.

전주를 떠난 지 20여 년 만에 익산에서 친구를 만났다. 전화 통화는 자주 했다. 반가운 얼굴에 세월의 흔적이 남아 있었다. 친구가 시인을 소개했다. 베풀 줄 아는 사람이었다. 헌혈을 500여 회나 했다고 한다. 철인 3종 경기를 즐긴다고 했다. 60대 초반인데. 시인이 자기 구역이라며 커피에다 맛있는 흑염소 전골을 사줬다. 저녁에 가족 행사가 있는데도, 내색하지 않고 자리를 함께하다 떠났다. 고마웠다.

송태규 시집 『시간을 사는 사람』을 받았다. 시 「아버지의 등」에서 "다가올 생을 엿들으시는가 / 가난한 아버지의 등이 바닥에 붙어만 있다"라는 구절이 요양병원에 누워 계신 어머니를 불러와 마음이 아팠다. 시인의 타고난 감성이 부럽다. 워즈워스와 코울리지는 "시인이란 자신의 사상이나 감정을 더 쉽게, 더 힘 있게 표현할 수 있는 능력을 지닌 사람이다."라고 했다.

걷기는 인생 후반의 좋은 친구이다. 한의사 친구가 3년 전 허리 디스크가 파열되었는데, 수술 없이 걷기로 나았다고 했다. 걷기의 중요성을 새삼 강조했다. 익산 청암산 밑 약 15Km의 옥산 호수 둘레 길을 아내랑 자주 걷는다고 했다. 비 오는 날 호수 둘레길을 걸으면서, 떠오른 시상으로 지은 오언절구의 한시漢詩「우중락雨中樂」를 읊어줬다. 한의사는 처방을 한문으로 익혀서 한시漢詩에 빠지는 모양이다. 전주에서 기차를 타고 온 시인 친구도 무릎 통증을 안고 매일 2시간 정도 걷는다고 했다. 작가는 걸으면서 사유의 깊이를 더 한다. 나는 당뇨를 관리하려고 식후 30분씩 매일 걷는다.

한 친구가 어떤 모임에 참가를 권유했다. 완곡히 거절했다. 목적의식을 갖고 동문·동향·동기 등 여러 가지 연결고리로 이 모임 저 모임에 참가했다. 모임의 분위기를 위해 한두 가지의 선을 넘는 요구를 받아들였다. 집단의 일체감을 위한 개인의 희생이었다. 해리 트리안디스 일리노이 대학교수는 문화적 차이에 기초해 동양문화를 집단주의 문화로, 서구문화를 개인주의 문화로 보았다. 집단주의는 개개인이 자신의 힘만으로는 생존하기 어려워 다른 이들과 힘을 합쳐야 했던 조건에서 나타난다고 했다. 우리나라도 지역·학교·출신에 따라 모임을 만들어 힘을 과시하는 집단주의적 경향이 강하다. 산업화 사회에서 정보화 사회를 거쳐 4차 산업혁명 시대가 되면서, 문화도 빠른 속도로 개인주의화 되고 있다.

이런저런 모임에서 불쑥불쑥 선을 넘어올 때가 많다. 지인이라는 이름으로. 드러내고 싶지 않은 상처를 위로한답시고 들춰내기도 한다. 술자리에서 마시기 싫은 술을 원샷 하라고 강요하기도 한다. 선이란 사람 사이에 배려를 통해 만든 사회적 규칙이다. 다르게 살아온 삶이 다른 선을 만들겠지만, 상대방에 대한 존중을 바탕에 깔아야 한다.

서은국 교수는 『행복의 기원』에서 "사람이 행복의 가장 중요한 요소이지만, 만남이 즐거움과 편안함을 줄 때이다. 행복하려면 어쩔 수 없이 만나는 사람보다 만나고 싶어 하는 사람이 많아야 한다."라고 했다. 인생의 후반에 삶을 돌아보며 사람답게 살려고 노력하고 있다. 그저 그렇게 만나지 않고 먼 데 있지만, 진심으로 그리운 친구를 찾아 시간을 소중하게 쓰고 싶다.

단풍이 물들고 있다. 물든다는 건 누군가에게 그립게 젖는다는 것이다.

2023. 10. 31.

시월의 단풍

 10월 중순, 단풍이 어서 오라고 손짓한다. 문경새재와 단양으로 방향을 잡았다. 문경새재 옆을 지나는 이화령 고개는 1980년대 중반 울산에서 근무할 때 충주댐까지 낚시하러 다니며 넘나든 길이다. 아내와 함께 가을을 맞으러 떠나는 길.
 이화령 터널을 지났다. 30여 년 전 구불구불하던 고갯길이 사라졌다. 낚시에 빠졌던 그때의 장면이 눈앞을 스친다. 토요일 5시에 퇴근하고, 차를 가지고 있는 직원과 함께 4명이 팀을 짜서 울산에서 출발했다. 이화령 고개를 넘어 충주댐까지 네 시간 동안 달렸다. 김밥 한 줄 먹고, 밤 10시쯤 낚싯대를 폈다. 푸르스름한 야광찌에 눈길을 보내며 붕어의 입질을 고대했다.
 낚시는 붕어를 챌 때 줄을 당기는 손맛이 제일이다. 항상 그러면 얼마나 좋으랴. 십중팔구 허탕이다. 왕복 10시간이 소요되는 거리를 마다하지 않는 것은 낚시도구를 준비할 때 월척을 기대하는 부푼 가슴 때문이다. 다음 낚시 갈 때까지는 짜릿한 손맛을 풍선처럼 부풀려 친구에게 이야기하며 보낸다.

 이화령 터널을 빠져나와 문경새재 입구로 들어섰다. 도립공원 초입부터 차가 꼼짝달싹하지 않았다. 문경 사과 축제 개막식 날이었다. 축하 공연에 유명한 트롯트 가수가 나온다고, 이 동네 저 동네에서 할머니가 관광버스를 타고 모였다. 가는 날이 장날이라더니.

 서너 군데의 대형 주차장이 꽉 차서 어렵사리 도립공원 초입 도로변에 주차했다. 문경새재 도립공원 관리사무소까지 3~4Km를 걸었다. 문경 사과로 감홍이 유명하다. 도로변에 큼직하고 새빨간 감홍이 즐비하게 누워있다. 당도가 여느 사과보다 높다. 아내는 눈길을 주지 않았다. 잘못하면 어이없는 바가지를 쓸 수도 있고, 마트보다 저렴하지 않을 수 있다고.

 이화령 고개를 넘나들었지만, 문경새재는 처음이다. 새재는 '나는 새도 넘어가기 힘든 고개'라 하여 붙인 이름이다. 조선시대 과거를 보러 가는 경상도 선비가 추풍령은 추풍낙엽처럼 떨어질까 봐, 죽령은 대나무처럼 미끄러질까 봐, 가지 않았다고 한다. 문경새재를 넘으면 경사를 전해 듣고 문경聞慶 새처럼 비상하리라는 속설이 있어 이 고개를 자주 넘었다고 한다.

 문경새재 제 1관문인 주흘관에 도착했다. 주흘관을 지나 조금 걷다 보니, 발 씻는 곳이 나왔다. 많은 사람이 맨발로 걸었다. 얼마 전 전

립선암 4기의 환자가 맨발 산행으로 완쾌되었다는 소문이 신문에 난 뒤 맨발로 걷는 사람이 많아졌다. 신발을 벗었다. 차가운 땅바닥 기운이 전해졌다. 지뢰밭을 피해서 조심히 걷는 것처럼 엉금엉금 걸었다. 좁쌀 같은 모래알이 발바닥을 따갑게 했다. 다리가 긴장하여 종아리가 뭉치기 시작했다. 제2 관문인 조곡관까지 3Km를 걸었다. 단풍이 중간 중간 계곡물 소리와 함께 반겨주었다. 아내도 신발을 벗었다. 어린 아기 발걸음으로 엉금엉금 걷는 모습이 귀여웠다.

어둠이 문경새재를 감쌌다. 서둘러 단양으로 출발했다. 지름길을 찾아서 국도를 달렸다. 지방 국도는 가로등이 없고 지나가는 차도 드물었다. 산 고갯길을 돌 때 무섬증이 찾아들었다. 가로등이 반기는 단양 읍내 도로에 들어서서 안도의 한숨을 쉬었다.

아내는 조식 뷔페를 좋아한다. 나는 뷔페가 비싸다고 생각해 콘도 주변의 다른 식당을 찾았다. 아침 식사가 되는 식당을 이곳저곳 기웃거렸다. 아내가 핀잔을 준다. 다른 곳에서 아끼라고.

단양 보발재로 출발했다. 보발재는 단양군 가곡면 보발리와 여춘면 백자리를 잇는 해발 540m의 고갯길이다. 예쁜 리본을 흔들 때 나타나는 파형처럼 굽이굽이 고갯길을 빨갛고 노란별이 쏟아져 내려앉았다. 자전거를 탄 일행이 단풍을 안고 즐겁게 고갯길을 올랐다. 전망대에서 씨앗호떡을 하나 입에 넣었다. 호떡 앙금의 달콤함이 목젖을 타고 넘을 때, 발아래 펼쳐지는 단풍 바다가 눈에 가득히 담겼다.

달리는 차 창 밖에서 단풍잎이 눈인사를 아찔하게 한다.

2022. 10. 19.

일상의 탈출

　여행은 짐 꾸릴 때부터 설렌다. 2020년 1월 코로나가 막 시작할 무렵 해외여행을 다녀온 이후 3년 만이다. 짧은 여름휴가 일정 탓에 가까운 일본으로 선택했다. 아내가 온천을 좋아하므로. 자유여행을 고민하다가 번거로움을 피하려고 패키지여행으로 결정했다.
　여행 출발 날, 아침부터 아내가 부산을 떨었다. 여행 때 입으려고 샀던 티셔츠가 보이지 않는다는 것이다. 전날 저녁 옷을 입고 아들에게 잘 어울리냐고 물어보기까지 했는데. 셋이서 집안을 샅샅이 뒤지다가 뒤 베란다 세탁소 위에서 다행히 찾았다. 여자는 여정도 중요하게 여기지만, 외모 치장도 그에 못지않다. 아들이 일찍 일어나 공항버스 타는 곳까지 데려다주었다.
　공항은 웃음 띤 사람들로 북새통이었다. 5월 11일 코로나 팬데믹이 선언되었다는 걸 실감했다. 키오스크에서 항공권 발급받는 게 어려워 주위 사람의 도움을 받았다. 항공권을 발급받고 화물을 부치는 데 두 시간 걸렸다. 저가 항공이라서 좌석을 사전에 비용을 지불하고 구매하면서 불평했는데, 그나마 다행이었다. 마음의 여유가 좀 생긴 탓일까. 출발 준비를 하고 나자, 갑자기 배가 고파졌다. 설렁탕과 해물된장찌개를 주문했다. 수속을 마치고 비행기 좌석에 앉아서 피천득 선생의 『수필』을 펼쳤다. 비행기가 활주로를 힘차게 질주하다가 붕하고 땅에서 솟아올랐다. 모든 것을 땅에 던져버리고 일상에서 탈출하여 하나의 우주가 된 기분이었다.

　일본에서 일정은 도쿄, 경주 같은 고도 가와고에, 온천마을 하코네였다. 도쿄는 현대차에서 근무할 때 여러 번 방문했다. 도쿄모터쇼 참관, 관광버스 런칭쇼, 대리점 대회를 진행했다. 지금도 관광버스를 매년 100여 대 꾸준히 판매하고 있다. 일본 최고급 뉴 오타니 호텔에 숙박했다. 고등학교 친구가 일본에서 목사로 활동하고 있어 호텔에서 함께 아침 식사를 했다. 친구는 최고급 호텔에서 아침 식사가 감격스럽다고 했다. 나는 호텔이 좋다. 방안에 들어서면 아무런 흔적이 없는 나만의 공간을 갖는다. 하얀 천으로 덮은 깔끔한 침대가 기다린다. 옷을 훌훌 벗어버리고 하얀 천의 촉감을 피부로 느끼면서 눈을 감으면 모든 시름이 지워진 것 같다. 아내는 삼시 세끼 식사 준비를 안 해서 좋다고 했다.

　일본 패키지여행 일정에는 절과 신사가 반드시 포함된다. 전통양식과 울창한 삼림을 볼 수 있기 때문이다. 센소지사(寺) 본당 건물 마당에 향을 피워 두는 대형화로가 있다. 몸이 아픈 곳에 향을 쏘이면 좋아진다는 관광 가이드의 설명에 많은 외국 관광객이 향을 쏘고 있었다. 어느 신사를 가나, 관광객이 줄지어 복을 빌었다. 하코네 신사는 커다란 호수를 옆에 두르고 울창한 삼나무의 호위를 받으며 서 있었다. 특히 임신과 순산을 기도하면 효험이 있다고 해서 손주를 기다리며 기도했다. 하코네 아시호수에서 유람선을 탔다. 80대 초반의 노부부와 30대 젊은 연인이 마주 보고 앉았다. 노부부는 자신들의 젊은 날을 회상이라도 하듯 미소를 머금고 젊은 연인을 부러운 듯 바라보고 있었다. 노부부가 나란히 앉아 여행하는 모습이 부러웠다.

 자유일정으로 도쿄에서 기차로 1시간 거리의 가와고에를 찾았다. 경주의 한옥마을 같은 곳이다. 인터넷에서 가와고에 가는 방법을 찾아서 수월하게 갔다. 작은 한옥마을인데도 땡볕에 여기저기 찾아다니며 걷는 게 힘들었다. 아내가 지난번 교토여행에서 장어덮밥을 맛있게 먹어, 유명한 장어덮밥 집을 찾았다. 한 시간 정도 기다렸다. 장어가 입에서 사르르 녹았다. 아내는 장어는 맛있는데, 덮밥에 소스가 덜 배었다고 했다. 가와고에에서 돌아오는 길에 가이드가 추천해 준 신주쿠 국립공원에 갔다. 1902년부터 조성하여 1949년에 개장하였다. 약 18만 평(축구장 80개 크기)에 나무가 2만 1,500주가 있으며 입장료는 5,000원이다. 100여 년이 넘은 아름드리나무 사이로 넓은 잔디가 펼쳐져 있다.

 사람들이 삼삼오오 잔디에 앉아 더위를 식히고 있었다. 시원하게 산들바람이 부는 잔디 위에 아내와 나란히 누웠다. 이게 얼마만인가.

부부가 하늘 천장을 바라보며 곁으로 누워본 게. 구름이 희끗희끗 지나가는 하늘을 바라보며 잠시 머리를 비웠다. 이번 여행에서는 이동하는 시간에 유독 책과 함께 지냈다. 소란의 고요를 즐겼다고 할까. 약간 소란스러운 공간에서 집중하여 책을 읽은 맛은 여행이 주는 별미이기도 하다. 피천득 선생의 『수필』, 정정호 작가의 금아 피천득의 문학세계를 다룬 『산호와 진주』를 읽었다. 아내가 버스 안에서 혼자만 책 읽는 모습이 멋있다고 했다.

김영하 작가는 『여행의 이유』에서 "스토아학파의 철학자들이 말한 것처럼 미래에 대한 근심과 과거에 대한 후회를 줄이고 현재에 집중할 때 인간은 흔들림 없는 평온의 상태에 근접한다. 여행은 우리를 오직 현재에만 머물게 하고 일상의 근심과 후회, 미련으로부터 해방시킨다."라고 했다.

낯선 곳에서 일상의 분주함과 평이함을 지우고 닳아진 설렘을 찾았던 시간. 당연한 사람이라고 여긴 아내에 대한 소중함을 발견했던 시간. 다른 문화의 속살을 직접 느끼며 문화의 지평을 넓혔던 시간. 마침내 감사의 언덕에서 삶이 숙연해지는 것을 느낀 시절이었다.

이 땅에 없어 유토피아라지만, 유토피아 같은 시간 속에서.

2023. 7. 31.

고향

고향 가는 길은 언제나 설렌다. 어머니가 기다리시기 때문이다. 지난주 두 아들과 함께 고향 순천을 찾았다. 어머니는 지금 경기도 모 요양병원에 계신다. 몇 친구가 옛 모습으로 웃으며 반겼다.

큰아들이 2년 전 결혼했고 작은아들은 취업하였다. 아버지께서 살아계셨다면 뿌듯해하셨을 거다. 아버지께 뒤늦은 인사를 드리려고 산소를 찾았다. 성묘는 이제 우리 세대에서 끝날 것 같아, 자식들에게 산소 위치나 알려 주려고. 돌아가신 아버지는 삶이 못 견디게 힘들 때, 가슴에 맺힌 응어리를 풀어내시려고 마음의 고향 같은 할아버지 산소를 찾곤 하셨다. 한 친구는 우리 베이비부머 세대가 부모님께 효도하는 마지막 세대이고 자식에게 효도를 못 받을 첫 세대가 될 거라고 했다.

동생이 성묘 다니기 불편하다고 어머니가 돌아가시면 아버지와 함께 경기도 근처 천주교 추모공원에 모시자고 했다. 어머니께 말씀드렸더니 고향을 떠나기 싫다고 하셨다. 어머니는 순천 천주교 공원묘지의 아버지 산소 근처에 30년 전 가묘를 마련해 두셨다. 새로운 세상에 가셔도 고향 친구들과 함께 계시고 싶었던 게다.

성묘한 후 어머니께서 기거하셨던 아파트를 찾았다. 아버지께서 돌아가신 뒤 40여 년을 함께 사신 어머니 동반자이신 숙모와 함께. 어머니는 유별스레 찐빵을 좋아하셨다. 찐빵을 살 일도 없었거니와, 찐빵을 기다리시는 어머니가 계시지 않는 집은 공기까지 눅눅했다. 여름에 들를 때면, 바닷장어탕을 끓여 놓으시고 기다리셨는데. 어머니께서 끓인 장어탕에 방아잎을 넣어 먹으면 여름을 거뜬히 지낼 수 있었다. 이제 어머니께서 끓이신 장어탕을 먹을 일이 없어졌다. 어머니의 부재로 인해 사라지는 것이 점점 늘고 있다.

숙모는 어머니와 다름이 없다. 큰아들을 낳았을 때, 어머니 대신 멀리 울산까지 오셔서 아내 산후조리를 해주셨다. 지난 육칠 년 매년 네 남매가 어머니와 숙모를 모시고 제주도, 진도, 설악산 등으로 여행을 다녔다. 꽃은 지면 다시 피지만, 사람은 한번 가면 다시 못 보니 어머니와 한 방에 다시 누워보고 싶다고 하셨다. 이 말씀이 가슴을 후볐다. 어머니가 다시 돌아오실 날을 희망하며 숙모가 두 아들과 함께 방을 정리하고 청소했다.

고향에 내려간 김에 중학교 동창 친구 몇과 만나 점심을 먹었다. 지난달 여자 동창에게 개인적으로 부탁한 게 있어 겸사겸사 밥을 샀다. 수십 년 만에 만났지만, 어제 만났던 것처럼 반갑게 맞았다. 중학교 때 여자 동창 집에 세 들어 살았다. 한집에 살면서도 우리는 눈도 마주치지 않고 모르는 척했다. 친구는 돼지를 키우는 어머니를 도우려고 집집마다 돌아다니며 구정물을 얻으러 다녔다고 했다. 돼지를 키우는 집이었지만, 여자 동창과 내 여동생까지 두 명의 기관장을 배출했다며, 하릴없이 집터의 공으로 돌렸다. 식사하는 내내 다른 친구들이 여자 동창에 대해 칭찬을 덧얹었다. 처신하기에 조심스러운 지역 사회의 모 기관장이었지만, 친구들이 도움을 요청하면 발 벗고 나섰다고 한다.

점심을 먹은 뒤 친구가 새롭게 단장한 순천만 정원으로 안내했다. 개울가 버드나무 아래에서 안락의자에 앉아 발을 담그고 사색을 즐기는 사람들이 평안해 보였다. 친구와 걸으면서 꽃을 무척 좋아하셨던 어머니가 보고 싶어졌다. 몇 년 전 어머니와 숙모를 큰아들과 휠체어로 모시고 순천만 정원을 돌아다녔다. 꽃을 보고 미소 지으셨던 어머니 얼굴이 눈에 선하다. 어머니께서 건강을 회복하셔서 내년에는 순천만 정원에서 함께 꽃을 구경했으면 얼마나 좋을까.

고향은 부모와 친구가 있어야 고향답다. 아버지는 고향 땅 산소에 계시고, 어머니는 고향 밖 땅의 요양병원에 계신다. 고향에 들르면 "야, 나 왔다"라고 하며 전화할 친구들이 여럿 있다. 김재진 시인은 "서로의 이름을 부르며 / 좋은 말 나쁜 말을 서슴없이 해도 / 허물이 없는 농담 한마디로 / 넘겨주는 친구가 있어서 좋다."라고 했다. 한 친구는 사회에서의 직위를 성 뒤에 붙이고 친구를 부르면, 그 순간

서열이 생겨 친구가 멀어진다고 했다. 예순 살 넘어 사회에서 얻은 모든 것을 내려놓고 서로의 이름을 부를 수 있는 친구가 있는 고향이 좋다.

  서울 하늘에 반달이 떴다. 고향 동천과 순천만에도 달빛이 촉촉하리라.

2023. 9. 25.

으쓱해진 어깨

 "오~매 단풍 들 것네."라고 영랑 김윤식이 노래한 남쪽, 모란이 피는 곳. 다산 정약용이 후세를 위해 학문을 집대성한 땅 강진을 다녀왔다.
 지난주 토요일 새벽부터 서둘렀다. 작은아들을 깨우기 싫어하는 아내 뜻을 따라 내 차를 타고 광명역으로 갔다. 주차비를 아깝게 생각한다고 아내에게 핀잔을 들으면서. "잠 푹 자라. 밥 많이 먹어라."가 예로부터 어머니가 챙기는 모성인 모양이다. 겨울이 얼굴을 삐죽이 내밀어 새벽바람이 매서웠다.
 목포역에서 처제가 차를 가지고 기다렸다. 아침을 맛집으로 안내했다. 모 방송국의 '나 혼자 산다'에서 방영한 백반집은 대기하는 사람이 넘쳐 9시쯤에 오전 영업을 마감했다. 길 건너편에 있는 '식객 허영만의 백반 기행'을 촬영한 집에서 먹갈치 조림을 먹었다. 처제가 생물이냐고 물었다. 목포 사람은 생물이 아니면 먹지 않는다며. 주인이 생물을 급속 냉동해서 맛이 생물과 같을 거라고 장담했다. 국물이 짜지 않고, 갈치 살이 부드러워 혀에 감겼다.

강진 가는 길에 장인어른 산소에 들렀다. 맏사위인 나를 여기저기 자랑하셨던 장인어른. 일찍 돌아가신 아버지 대신 든든한 버팀목이 되어 주셨는데. 일본식 한옥 마루에 앉아 담배 피우시던 모습이 아른거린다. 10여 년 전, 일흔일곱의 다소 이른 연세에 암으로 돌아가셨다. 내가 대기업에 근무하고 있을 때라, 많은 사람이 장인어른 장례식장을 다녀갔다. 길게 늘어 서 있는 조문객을 보고 처가 식구들이 놀랐다. 어머니는 장인어른이 맏사위 덕을 보고 가셨다고 했다.

장모님께 목포 백화점에 사 온 재킷과 황금빛 봉투에 담은 용돈을 드렸다. 장모님 얼굴이 복사꽃처럼 피어났다. 처제가 옆에서 샘을 냈다. 자기는 자주 와서 어머니를 돌보는데, 짜증 섞인 소리밖에 듣지 못한다고. 가까이에서 부모를 보살피는 자식이 가장 수고가 많은 법이다. 일 년에 한두 번 오는 자식은 듣기 좋은 소리만 하고 가면 그만이지만.

처가에서 30여 미터 떨어진 곳에 있는 영랑생가로 산책했다. 대나무밭으로 둘러싸인 영랑생가 옆에 시문학파 시인을 기리는 기념관이 있다. 뒤쪽 언덕에는 모란공원을 꾸며 놨다. 「누이의 마음아 나를 보아라」라는 시를 새긴 영랑 시비와 함께. 강진군에서 영랑생가와 다산 정약용 유배지를 연결해서 '감성 강진 하룻길'을 조성했다. 관광버스가 끊이지 않고 주차장으로 들어왔다.

영랑생가 앞마당에 영랑이 심었다는 은행나무가 100여 년의 시간을 지키며 세월을 셈하고 있다. 모란공원을 돌아보고 내려왔다. 가는 날이 장날이라고 했던가. 영랑생가 앞뜰에서 강진문화 큰잔치를 벌였다. 잠시 걸음을 멈추고 해금 소리와 함께 시 낭송에 귀를 적셨다. 시문학파 시인인 김영랑과 김현구가 태어난 강진 탑동 마을은 시 내음으로 감성이 넘쳤다.

아내가 장흥 민물장어구이 집으로 저녁 식사하러 가자고 했다. 장모님께서 친구 사위가 장어구이를 사주었다고 아내에게 몇 번 말씀하셨던 것 같다. 장모님은 복지관 친구에게 늘어놓을 자랑거리를 몇 가지 쌓은 듯해서 내심 좋으신 모양이다. 장어구이 집은 규모가 제법 컸다. 가격은 저렴한 편이었고 육질이 부드럽고 맛이 고소했다.

시골의 밤이 서둘러 다가왔다. 7시인데 집 주변에 짙은 어둠이 쌓였다. 방에 누워 책을 보며 뒤척였다. 거실에서는 장모님과 아내, 처제가 그동안 쌓아둔 이야기보따리를 풀었다. 내일이 큰아들 생일이다. 작년에는 큰아들 부부와 함께 이곳에 와서 생일을 보냈는데, 며느리가 아기를 가져 서울에서 근신하고 있다. 아내가 전화해서 아들에게 생일을 축하했다. 옆에 있던 며느리가 아들 낳으시느라 고생하셨으니 어머니께서 축하받으셔야 한다고 했다. 장모님과 안부를 물으며 한참 동안 통화했다. 며느리의 마음 씀씀이에 흐뭇했다.

다음 날, 장흥 편백나무 숲으로 갔다. 어머니께서 친구와 함께 자주 오셨던 곳이다. 세찬 바람이 편백나무 향을 몰고 다녔다. 요양병원에 누워 계신 어머니의 체취가 묻어 있는 듯했다. 장모님께서 강진 갈대밭을 가보자고 하셨다. 순천만 갈대밭보다 경치가 훨씬 좋다고 하시면서.

점심은 아내가 전라도 팥 칼국수 맛집으로 정했다. 내가 좋아한다고 하면서. 나는 한우 암소, 표고버섯, 키조개를 불판에 구워서 먹는 장흥 한우 삼합을 먹고 싶었다. 아내가 비싸기만 하고 맛이 없다고 했다. 속내는 비용을 아끼려는 것이다. 역시 전라도 팥 칼국수였다. 전분을 넣지 않고 팥으로만 국물을 만들어 부드럽고 달콤했다. 팥 칼국수를 좋아하는 건 우리 집안 내력이다. 남동생이 네덜란드에서 근무할 때, 어머니와 아내가 유럽으로 여행했다. 이곳에서도 어머니가 준비해 가신 재료로 팥 칼국수를 끓여서 동생 식구와 함께 먹었을 정도다.

수십 년을 다녀간 강진이었지만 글을 쓰는 지금, 새로운 감성으로 다가왔다. 마냥 허공을 지키고 있는 감, 정리하지 못한 정원이 장인어른을 기억 속에서 불러 왔다. 가방이 터지도록 참기름, 부추, 호박 등 장모님의 사랑을 담았다. 세찬 바람을 맞으며, 아쉬움을 안고 기차에 올랐다. 아내가 "사위 노릇 한번 잘했네."라며 고마워했다.

처져 있던 어깨가 으쓱해졌다.

2023. 11. 15.

다산 정약용의 발자취를 따라서

 지난주 다산 정약용의 발자국을 따라 밟았다. 1박 2일의 짧은 여정이지만, 아침부터 아내의 목소리가 알레그로 템포의 맑은 피아노 음정으로 거실을 떠다닌다. 막내딸 루이는 혹시나 데려가지 않을까 봐, 깡충깡충 뛰면서 안절부절 어쩔 줄 모른다. 여행 일정은 루이를 동반할 수 있는 숙소와 공원으로 어렵사리 정했다.
 얼굴을 찌푸린 구름이 여행을 시샘했지만, 개구리가 뛰어나올 정도로 따뜻한 바람이 앞장섰다. 팔당역 근처 자그마한 빵집에서 멈췄다. 단팥빵과 샐러드빵을 샀다. 단팥빵은 내가, 샐러드빵은 아내가 좋아한다. 당뇨가 있어 음식을 이것저것 따지지만, 이번에는 자유했다. 혀끝에서 아양을 떠는 달콤한 팥앙금이 마음을 녹인다. 아내는 샐러드빵에 숨어있는 양배추의 아삭거림이 귀를 간지럽힌다고 했다. 참새가 방앗간을 그냥 지나칠 수 없듯이, 양평 갈 때마다 이곳에서 발길을 멈춘다.

  다산 생태공원에 들렀다. 따뜻한 바람이 몸을 감쌌다. 제철을 잊어버린 목련 꽃망울이 보송보송한 털을 두르고 배시시 웃고 있었다. 루이는 가는 걸음걸음마다 뒷발차기를 하면서, 구석구석에 숨은 친구의 흔적을 찾았다. 오랜만에 엄마, 아빠와 함께 하는 강변 산책이 무척 좋은 모양이다. 지난 9월에 들렀을 때, 곳곳에서 캠핑 의자에 몸을 맡기고 책을 보던 부부들이 보이지 않았다. 겨울이 겨울스럽다.

  다산 정약용 생가 쪽으로 발길을 돌렸다. 지난 11월 강진 여행에서 들렀던 사의재가 생각났다. 정약용이 강진에서 유배하며 머무르는 오두막집 이름을 사의재四宜齋로 짓고 자신을 성찰했다. 생각은 맑고, 용모는 엄숙하고, 언어는 과묵하고, 동작은 후중하게 한다는 네 가지 뜻을 담았다. 다산은 강진에서 18년의 유배 생활을 하는 동안 책을 많이 썼다. 중앙 정치제도의 개혁안과 세상을 다스리는 법을 담은『경세유표』, 사법제도의 개혁방안과 겸손하고 현실적인 사상을 담은『흠흠신서』, 지방 정치제도의 개혁방안과 백성을 다스리는 목민관이 가져야 할 덕목을 담은『목민심서』등 500여 권의 저서를 남겼다.

  다산 생가는 역시 반려견 출입금지이다. 낑낑대는 루이를 아내 옆에 남기고 생가로 들어갔다. 노자의『도덕경』에서 따온 생가의 당호인 '여유당與猶堂'이라는 현판이 처마 밑에 버티고 있었다. 여유당은 겨울 냇물을 건너듯, 사방의 이웃을 두려워하며 세상을 조신하게 살려고 다산이 붙인 것이다. 정조에게 총애를 받던 사람으로 정조가 승하한 뒤 정적인 노론의 끊임없는 음해를 염려했을 것이다. 다산은 유배에서 풀려난 뒤 '여유당'으로 돌아왔다. 세상을 뜰 때까지 18년 동안 자신의 학문을 정리하고 실학사상을 집대성하였다.

생가를 나오니 정문 앞 도로에 설치한 커다란 거중기가 눈길을 사로잡았다. 다산은 수원화성을 건설할 때, 사용하려고 무거운 석재를 들어 올리는 거중기를 발명하였다. 정조가 수원에 있는 아버지 사도세자의 능을 참배하려고 한강을 건널 때, 다산이 수백 척의 배를 연결한 배다리를 만들었다. 정조가 말에서 내리지 않고 안전하게 한강을 건너게 하려는 것이다. 1452년에 태어난 레오나르도 다빈치가 르네상스 시대의 최고의 화가이며 천재과학자라면, 300여 년 후에 태어난 정약용은 문학·지리학·의학·과학·철학에 이르기까지 다양한 분야에서 천재성을 발휘했다.

생가 앞 도로변에 정약용이 남긴 업적을 돌에 새겨 배열하였다. 정약용의 시「봄날 수종사에 노닐다」가 발걸음을 멈추게 했다. 다음 행선지가 수종사였다. 다산이 즐겼던 18세기의 수종사의 봄날이 눈앞으로 다가왔다.

운길산 중턱에 있는 수종사에 올랐다. 절까지 10여 분 굽이굽이 급경사길이 이어졌다. 아내는 차 손잡이를 꽉 잡았다. 절 바로 밑 주차장에서 또 10여 분 걸어 올라갔다. 일주문 앞에 손으로 쓴 반려견 출입금지 표지가 어색하게 버티고 있었지만, 경내는 루이랑 함께 들어가지 않을 요량이었다. 옷을 잃어버리고 잿빛으로 변한 나무와 진녹색으로 차려입은 소나무가 서로 편 가르기를 하며, 수종사를 감싸고 허공을 받치고 있었다.

조선 초기 학자 서거정은 수종사를 '동방의 사찰 가운데 전망이 으뜸'이라고 칭찬했다. 운길산 중턱에서 바라보면 남한강과 북한강이 따로 흐르다가 두물머리에서 하나가 되어 바다처럼 유유히 흐른다. 세조가 다녀갔다는 표식으로 심었다는 은행나무가 어느새 500년을 넘겨 운치를 더한다. 정약용은 다선茶仙인 초의선사와 마주 앉아 찻잔에 아름다운 한강 풍광을 그려보며 백성의 삶을 걱정했을 것이다.

18세기 실학사상을 집대성한 한국 최고의 실학자, 다산 정약용은 정조의 총애를 받았다. 정적의 괴롭힘으로 끝내 꿈을 펼치지 못했다. 유배지 강진 다산초당에서 18년, 남양주 여유당에서 여생을 후손을 위해 집필에 몰두했다. 여유당에서 수종사까지 다산의 발자취를 따라가며, 백성의 삶을 향상히려고 여러 분야에서 활동한 다산의 업적을 그려봤다.

논어에 나오는 "학이시습지學而時習之 불역설호不亦說乎"라는 구절을 다산은 "학學이란 알도록 해주는 일이요, 습(習)이란 행하는 일이니, 학이시습이란 앎과 행함을 함께 진행해야 한다."라고 했다. 여태 살아오면서, 마음속에 두고 행동으로 보이지 못한 게 한둘 아니다. 이 가운데 읽고 삶의 경험을 쓰는 일에 집중하려고 한다. 『논어』에서 한 제자가 어떤 일을 할 때, 세 번 생각한다고 한 말에 대해 공자가 한 말이 절실하게 떠오른다.

생각은 두 번이면 된다.

2023. 12. 18.

■ 정창원 작가의 수필 세계

인간미·사회미·자연미로 빚은 남도의 젓갈 맛

최재선(시인, 수필가, 한일장신대 교수)

I

 정창원 작가의 첫 수필집 『아버지의 뒷모습』이 탯줄을 자르고 세상에 나왔다. 정 작가는 개인적으로 고등학교 친구다. 오래전, 전주에서 직장을 다닐 때, 고교 동기생 몇이 한 번씩 짬을 내어 밥자리를 마련했다. 승진하여 서울 본사로 자리를 옮기면서 얼굴 볼 기회가 별로 없었다. 삶을 어영부영 살지 않고 워낙 성실한 데다가 인품이 뛰어나 좋은 벗으로 맘속에 됐다.

정 작가는 H 자동차회사에서 32년 동안 근무하다 임원에까지 이르렀다. 회사를 퇴직하고 나서, 정신 줄을 놓지 않고 끊임없이 자기발전을 꾀하려고 땀 흘렸다. 학문에 대한 열정을 사르지 않고 경영학 박사학위를 받았다. 이 밖에 품질관리기술사, 경영지도사, ISO인증 선임심사원에 이르기까지 자신을 안락한 데 박아두지 않고 하염없이 달려왔다.

얼마 전까지 몸담은 J 자동차회사를 정년을 앞두고 나와 요양병원에 계신 어머니를 순천 어머니 집으로 모셔 돌봐 드리고 있다. 가족이나 주위 사람이 요양병원에 계속 모실 것을 권했으나, 어머니의 마음을 편하게 해 드리려고 집으로 모셨다. 어머니와 함께 순천만 정원이나 순천만 일대를 다니면서 어머니와의 추억을 쌓고 있다.

정 작가는 평소 책을 즐겨 읽는다. 서울에 사는 고등학교 동창이 만든 독서 모임에 참여하여 책을 많이 읽는다. 인생의 2막을 맞는 시점에 글을 한 번 써보지 않겠느냐는 제의를 흘려듣지 않고 도전했다. 표제 수필 「아버지의 뒷모습」은 정 작가의 아버지에 관한 이야기다. 중학교 때 정 작가의 아버지한테 사회과목을 배웠다. 정 작가의 모습에 선생님이 여전히 살아계신다.

학생을 얼마나 인격적으로 대하셨는지 선생님은 봄날같이 화사했다. 그때 그 시절, 우리 사회는 학생의 인권이라는 말 자체가 없는 인권의 불임기였다. 선생님은 학생에게 큰소리 한 번 내지 않으셨다. 늘 부드럽고 온화한 낯빛으로 사랑하셨다. 정 작가의 「아버지의 뒷모습」이 자꾸 「선생님의 모습」으로 흔적을 배양하며 읽히는 건 무슨 연유일까.

Ⅱ

 수필 명인 권대근 교수는 "수필을 누구나 쓰는 글이 아니라, 누군가가 쓰는 글이라는 인식이 세상의 저변에 깔리지 않는 한 수필의 운명은 문학의 서자에서 벗어날 수 없다"라고 했다. 적어도 감성과 지성을 균형 있게 버무려 사물과 사회현상, 작가의 인생관을 동시에 드러낸 작품을 구사해야 한다는 것이다. 한 작가의 작품을 세 가지의 미로 분류하는 게 너무 도식적이고 인위적일 수 있다. 그러나 정 작가의 수필은 인간미·사회미·자연미를 뚜렷하게 지니고 있다. 지금부터 정 작가의 3味를 맛보는 맛 글 여행을 함께 떠나기로 하겠다.

가. 인간미

 문학이 본디 우리 삶을 예술의 형식을 빌려 문자로 표현한 것이라는 전제 아래, 수필 역시 우리 삶을 외면하거나 무시하면 독자의 가슴을 울릴 수 없다. 울림의 진폭이 클수록 삶의 향기가 깊이 배어있고 여운의 효과로 인해 독자나 세상의 어둠을 거둘 수 있다. 인간미는 어떤 사람을 통해 느끼는 친밀하고 정다운 감정을 일컫는다.
 『논어』에 "젊은이는 집에 들어가면 부모에게 효도하고, 밖에 나가선 어른을 공경하며, 말을 삼가되 미덥게 하고, 널리 사람을 사랑하며, 어진 사람을 가까이해야 한다. 이런 일을 실천하고 남는 힘이 있으면, 비로소 글공부를 해야 한다"라는 말이 있다. 글공부 따위는 사람으로

서 도리를 다하고 나서 하라는 것이다.

　수필은 작가의 삶을 나이테처럼 드러낸다. 삶의 경험에서 얻은 사유의 깊이를 수필 형식의 그릇에 담는다. 경험이 있다는 건 말 곳간에 할 말이 쟁여 있다는 것이다. 할 말의 양만큼 독자의 삶을 풍성하게 한다. 한마디로 수필은 삶에서 잉태되고 출산해야 독자의 삶을 어루만진다.

　정 작가는 치매를 앓는 어머니를 지극정성으로 모시고 있다. 다니는 직장까지 접어두고 어머니가 원래 살던 고향 집에서 어머니와 동거한다. 앞만 보고 달려온 작가는 요양 시설에 어머니를 맡기고 자유하게 살 수도 있지만, 이 길을 단호하게 거부한다. 어머니가 요양 시설에서 지내는 걸 싫어하므로, 어머니의 뜻을 순수하게 받든 게나.

> 여동생이 어머니가 용인 요양병원에 계시니 순천 어머니 아파트 처분을 물었다. 내년 봄까지 그냥 두자고 했다. 어머니한테 진 마음의 빚을 갚아야 했다. 광주에서 대학에 근무할 때 어머니 집에 자주 들렀다. 어머니는 더 늙어서 아프더라도 감옥 같은 요양병원에 가시기 싫다고 자주 말씀하셨다. 그때마다 약속했다. 요양병원에는 안 보내겠다고. 작년 12월 중순, 코로나에 걸리셨다. 후유증으로 정신을 잃고 옴짝달싹 못 하시고 누워 계시다가 욕창이 생겼다.
> 　　　　　　　　　　　　　－(「어머니의 기도」 가운데서)

　여기저기서 우려하는 목소리가 터져 나왔다. 다니던 회사의 부회장이나 개인의 로망이 아니냐며 퇴임을 만류했다. 어머니에게는 쾌적한 요양 시설에서 치료를 받으시는 게 더 좋을 것이라는 충고와 함께. 동생도 격

정했다. 욕창으로 몸을 못 움직이시고 누워 계시는 환자를 순천의 작은 아파트에서 어떻게 간병하겠냐고. 나도 내심 두려웠다. 섬망증을 앓은 어머니가 한밤중에 소리를 지르시면 어떻게 할까, 욕창은 어떻게 치료해야 하나, 위급한 상황이 오면 누구에게 도움을 요청해야 할까. 하지만 어머니를 외로운 감옥에서 잠시라도 벗어나게 해드리고 싶었다.

-(「어머니의 간절한 꿈」 가운데서)

정 작가는 요양병원을 '감옥'으로 본다. 어머니가 요양 시설에 들어가는 것을 몹시 꺼리므로, 작가는 감옥 같은 데로 어머니를 보내지 않겠다고 약속한다. 욕창을 치료하려고 한동안 요양 시설로 모시지만, 어머니와 한 약속을 지키려고 고향 집으로 어머니를 모신다. 가족이나 주변 사람이 어머니를 고향 집으로 모시는 것에 대해 우려한다.

우리는 가끔 주변의 목소리 가운데 불필요하다고 여기는 걸 전지할 줄 알아야 한다. 우리가 진정 귀여겨들어야 할 말은 자신의 깊은 내면에서 나오는 목소리다. 이 소리는 자신이 살아갈 길을 책임질 수 있는 소리이기 때문이다. 오늘날 시각으로 보면 정 작가는 시대와 어울리지 않는 사고의 옷을 입은 바보다. 현실의 벽 앞에서 갈 데를 잃고 맘이 싸늘할 때, 온기를 품은 작가의 삶은 마음을 따시게 데운다. 정 작가의 효심은 인간의 기본 도리에 머물지 않고 인간미가 끓는 비등점이 되고 있다.

우리 곁에 영원히 머물러 줄 것 같은 사람도 언젠가는 세월의 바람에 인연이 닳아서 아득한 곳으로 먼지같이 사라지기 마련이다. 어머니 역시 마찬가지다. 정 작가는 지금 어머니와 세상에서 가장 아름답게 연애하고 있다. 어머니와 고향 집에서 단 둘이 연애가 가능한 것은 뭐니 뭐니 해도 아내의 깊고 넓은 마음이다. 노자의 무위는 사물의 본성과 사안의 규율을 거스르지 않으면서 자연스럽게 일을 꾀하는 순행의 원리다. 문제는 저마다의 도를 따라 존재하지 못하므로 갈등하고 분쟁한다.

> 1933년 출생인 아버지는 글을 통해 어떤 가르침도 남기지 않았다. 흔한 밥상머리 교육도 없었다. 그러나 가정을 지키려고 혼신의 열정을 몸뚱으로 일필휘지하셨다. 1960년 출생인 나는 아버지의 이러한 뒷모습을 보며 열심히 공부했다. 사회적·경제적으로는 어느 정도 힘 있는 아버지의 모습은 보여줬지만, 정서적으로 따뜻하게 감싸고 소통하지 못했다.
> —「아버지의 뒷모습」 가운데서

1930년대를 사신 아버지와 1960년대 출생인 아들인 부자 관계는 가난과 운명같이 달라붙은 가부장적 사고가 존재했다. 가난 속에서도 가부장적 사고는 아버지의 기를 살림과 동시에 아버지란 자리를 억누르는 무게가 되었다. 가난을 대물림하지 않겠다는 가장의 책임감은 초인적인 힘을 지녔지만, 현실은 녹록지 않았다. 대다수가 흙수저인 시절에 가난에서 벗어날 수 있는 건 공부하여 출세하는 길밖에 없었다. 정 작가 역시 열심히 사는 아버지의 모습을 보면서 열심히 공부했다고 고백하고 있다.

> 큰아들은 직장에 다니며 대학원 졸업 논문 준비하느라 밤늦게까지 공부했다. 논문이 막힐 때마다 "아빠"하고 전화했다. 며느리를 통해, 아내

를 거쳐 아버지의 성실한 삶을 존경한다는 소리가 들려왔다. 작은아들은 대기업 인턴 자기소개서에서 "아버지는 저의 롤모델입니다. 아버지께서는 한 회사에 30년 넘게 근무하셨는데, 성실함을 꾸준하게 유지하셨고 자기발전을 위해 항상 집에 오시면 공부를 하셨습니다. 삶의 자세가 무엇인지 몸소 행동으로 저에게 보여주셨습니다"라고 썼다.

두 아들에게 인정받는 나의 모습은 사실 아버지를 통해 배웠다. 아버지는 이 세상에 계시지 않지만, 아버지의 삶의 모습은 나를 통해 어느결에 두 아들에게까지 이어져 강물처럼 흐르고 있다. 이런 아버지의 뒷모습은 세상의 어느 것과도 바꿀 수 없는 빛나는 유산이다.

-(「아버지의 뒷모습」 가운데서)

생물학적인 차원을 넘어 아버지의 모습은 대를 잇는다. 정 작가가 아버지를 통해 배운 삶의 지혜를 두 아들이 그대로 학습하여 잇는다. 정 작가는 두 아들에게 자신이 아버지로서 인정받고 존경받은 걸 아버지를 통해 배웠다고 고백한다. 이런 가풍을 세상의 어느 것과 바꿀 수 없는 빛나는 유산이라고 한다. 사람은 살아있을 때보다 죽어서 더 잘 살아야 한다는 동양 철인의 말씀이 낮별같이 오롯이 들린다.

앞으로 남은 길을 두 손 꼭 잡고 가야 할 부부. 어떤 날카로운 삶의 돌멩이가 날아와도 너그럽게 품는 마음의 평수를 넓혀야겠다. 마음의 물길은 깊게 하고. 주방에서 아내가 마디마디 갈라진 손으로 설거지한다. 아내를 살며시 안아주고 싶다.

-(「부부로 사는 것」 가운데서)

정 작가는 다른 사람과 비교하여 직장생활을 오래 했다. 경쟁 일변

도의 세계적인 대기업에서 직장생활을 했으므로, 상대적으로 집안일에 전념하지 못했을 수 있다. 직장에서 받은 스트레스로 인해 아내를 향한 마음의 평수가 좁아질 수 있고, 마음의 물길이 얕을 수도 있다. 양쪽의 각자에게 마땅한 바를 모두 인정하는 것을 양행兩行이라 한다. 부부로서 양행을 실천하며 사는 게 쉬운 일이 아니다. 정 작가는 마디마디 갈라진 손으로 주방에서 설거지 아내를 살며시 안아주고 싶다면서 양행의 도로 접어들고 있다. 장자는 자신의 한계를 순순히 인정하고 수용하는 지적 겸허가 양행의 첫 번째 길이라고 했다. 누구에게든 내가 미안하다고 말하면, 뉘와 내가 있는 세상은 환해진다. 미안하다는 말보다 더 큰 언어가 살며시 안아주는 것 아니겠는가.

나. 사회미

작가는 작가 이전에 사회인이다. 사회문제를 외면하는 작가는 작가의 책무를 잃은 것이다. 정 작가는 현실뿐만 아니라, 우리가 맞이할 미래에 대해 상당한 혜안과 지식을 갖고 있다. 이런 시각은 대기업에서 오랫동안 근무하면서 축적한 글로벌 사고와 무관하지 않다.

> 인공지능은 글은 읽지만 상상할 수 없다고 한다. 상상은 과거의 경험으로 얻은 심상을 새로운 형태로 재구성하는 정신작용이다. 어렸을 때는 다양한 질문을 하면서 상상의 나래를 펼친다. 질문은 성장의 도구이며 상상력과 창의성을 키워 주는 자양분이다. 아인슈타인은 "새로운 질문이나 가능성을 제기하고, 오랜 문제를 새로운 시각에서 다루는 것은 상상력이다.

과학적 상상력은 진정한 진보를 이루어 낸다. 문제를 발견하는 것이 문제를 해결하는 것보다 중요하다"라고 했다. 좋은 질문을 발견하는 것이 얼마나 중요한지 강조한 말이다.

-(「인공지능 시대를 사는 지혜」 가운데서)

  1960년생은 대부분 인공지능 시대에 뒤떨어진 세대다. 현실은 인공지능이 대세다. 미래는 인공지능이 세상을 주도할 것이다. 우리 삶은 끝이 있지만, 앎에는 끝이 없다. 어리석은 사람은 스스로 깨어 있다고 여기면서 아는 체한다. 정 작가는 인공지능 시대를 사는 지혜의 한 방안으로 '5Why' 기법을 제시한다. 질문과 상상력은 불가분의 관계에 있다. 질문할 거리가 없으면 상상력이 발동하지 않고, 상상력이 고갈되면 질문할 수 없다. 세상에서 가장 깊은 물음은 뚜렷하게 답이 없는 물음이라 하지 않는가. 질문을 통해 상상력과 창의성을 계발해야 한다는 정 작가의 생각은 교육 현장에서도 귀여겨들어야 한다.

  점점 똑똑해져 가는 생성 인공지능과 함께 살아가려면, 이에 대한 지혜를 터득해야 한다. 첫째, 트리즈나 디자인 씽킹을 활용하여 창의성을 계발해야 한다. 둘째, 고정관념을 버리고 무심코 지나간 것을 새롭게 해석해서 새로운 의미나 가치를 부여해야 한다. 셋째, 자신이 경험한 것을 토대로 쳇GPT에 질문을 새롭게 하여 문제를 해결해야 한다. 생성 인공지능을 활용하지 않으면 시대에 뒤떨어진 삶을 살 수밖에 없는 시대가 이미 왔다. 우리는 쳇GPT와 사귈 준비를 얼마나 하고 있는가?

-(「쳇GPT와 동거하기」)

대학에서 학생에게 리포트를 내면 쳇GPT를 사용하여 리포트를 제출한 사례가 늘고 있다. 학생이 사고하지 않고 쳇GPT가 써준 대로 리포트를 내는 것에 대한 문제와 첨단 기술을 활용하여 제출했다는 문제 사이에 다양한 시각이 공존한다. 정 작가는 이런 시대를 지혜롭게 사는 방법을 명료하게 제시한다. 쳇GPT는 더 발전할 테고 이를 활용할 방법을 모르면 시대에 뒤떨어진 삶을 살 수밖에 없다는 것이다. "우리는 쳇GPT와 사귈 준비를 얼마나 하고 있는가?"라는 질문이 절박하면서도 낯설게 들리는 게 나만의 귀일까.

> 경험을 중요하게 여기는 미국 메이저리그처럼 베이비부머도 체화된 귀중한 암묵지를 사장하지 말아야 한다. 잘 발휘하도록 국가와 기업이 제도적 장치를 마련해야 한다. 사회나 기업이 발전하려면 노마지지(老馬之智)의 지혜를 무시하면 안 된다.
> ―(「노마지지老馬之智의 지혜」 가운데서)

우리나라는 고령화 속도가 다른 나라에 비해 초고속이다. 저출산 문제가 심화되면서 고령화가 가속화되고 있다. 법적으로 노인은 65세이다. 과거와 달리 이 나이는 한참 사회활동을 해야 할 나이다. 예술은 거창한 게 아니다. 우리가 숨 쉬며 사는 것 자체가 예술이다. 이런 점에서 노인은 삶의 경영자요. 예술가로서 관록이 풍성한 사람이다. 정 작가는 사회나 기업이 발전하려면 노마지지老馬之智의 지혜를 무시하면 안 된다고 역설하고 있다.

어머니도 입버릇처럼 "나는 요양원에 안 간다"라고 말씀하신다. 점점 기력이 쇠약해져서 거동하지 못하시면 어떻게 해야 할지 고민이 많다. 수명 150세 시대가 다가오고 있다. 행복하게 장수하는 삶을 살려면 개인이 건강을 잘 관리해야 하지만, 고령화 문제에 대한 대책을 근본적으로 마련해야 한다. 특히, 노인 일자리 증대와 노인이 내 집처럼 느낄 수 있는 요양 시설을 개선하는 데 정부가 실효성 있는 대책을 세워야 한다.

-(「행복한 장수」 가운데서)

보건복지부 발표에 따르면, 우리나라 평균수명은 83.3년이다. OECD 평균수명보다 2.3년 정도 높은 수치다. 남자의 평균수명은 80.3년, 여자의 평균수명은 86.3년이다. 평균수명이 늘어나면서 우리 사회는 장수사회로 나아가고 있다. 장수와 행복지수가 일치하는 건 아니다. 오래 사는 것만큼 다른 나라와 비교하여 15년 동안 앓고 산다고 한다. 이른바 건강수명이 상대적으로 짧다. 누구나 병치레하면서 오래 살기를 바라지 않는다. 정 작가는 어머니를 요양 시설에 모신 경험이 있으므로, 이 문제에 대해 현실적으로 직시하고 있다. 부모를 병간호하는 비용 때문에 형제 사이 싸움이 끊이지 않는 게 우리가 목도하는 우울한 풍경이다. 어느 소설가가 그랬던가. "어머니는 마음대로 칭얼거리고 슬픔을 따져 물을 수 있는 존재"라고. 늙을 줄 모르는 세월의 무게에 짓눌린 우리 모두의 어머니가 늘그막에 보일 수 있는 모습이 아닐까.

40여 년 동안 치열한 삶의 현장에서 나 자신을 위해 뛰었다. 주변의 어두운 데를 외면했다. 젊은 친구의 이야기를 들으니 부끄러웠다. 한편 고마웠다. 우리 사회의 미래를 만들어 갈 젊은 친구가 어려운 사람을 향한 선한 마음을 행동으로 옮기고 있다는 게 대견스러웠다.

집으로 돌아오는 길, 차가운 바람이 귓불을 따시게 만진다.
-(「따뜻한 정 가운데서」)

정 작가는 입술로만 글을 쓰지 않고 몸으로 글을 쓰는 행동주의 작가다. 몸이 가야 산이나 바다로 갈 수 있다. 정 작가는 사단법인 코리아 레거시커미티(KOREA LEGACY COMMITTE)라는 단체 일원으로 봉사를 시작했다. 이 단체는 2015년에 설립한 비영리 기구다. 노인 빈곤이라는 사회적 문제에 대한 인식을 개선하고 기금을 마련하는 것을 목표하고 있다. 젊은이와 함께 몸으로 직접 봉사활동을 하는 정 작가의 모습은 한편의 수작 같은 수필이다. 수필은 머리로 쓰지 않고 발과 눈으로 쓸 때, 개미 있고 향기가 난다. 삶을 오롯이 담은 그릇이 곧 수필이다, 다른 문학 장르는 삶을 감추고 비틀어도 되지만, 수필은 삶을 은닉할 수 없는 거울과 같은 글이다.

이웃 사랑에도 자기를 과시하려는 마음이 앞서지 않았을까 돌아다본다. 가장 멀리 있는 사람과 사랑을 나누고 더불어 사는 삶을 고민해야 할 때이다.
-(「더불어 사는 삶」 가운데서)

정 작가의 사회적 책무감 내부에는 따스한 인간애가 깊이 스며 있다. 자신이 하는 봉사활동이 자칫 자기 과시 욕구에서 비롯한 것은 아닌지 자성하는 부분에서 두드러진다. 덕을 쌓았다 하더라도 촐랑거리거나 나불거리면서 자신의 덕을 드러내는 사람은 진정 덕 있는 사람이 아니다. 정 작가가 겸손으로 빚은 글 항아리는 인격이 스며 있고 사람의 향기가 난다. 봉사자 가운데 일부는 자신의 명예욕으로 봉사하는 사례가 있다. 나아가 사회적으로 어떤 자리를 차지하려고 정치적 경력으로 봉사활동을 이용하는 사람도 있다. 남을 진정으로 생각하지 않고 하는 봉사는 겸허한 태도가 아니므로 허사가 아닐 수 없다.

정 작가는 이런 점을 원천 봉쇄하면서 순수한 마음으로 봉사활동을 하고 있다. 시인 '오드리 로드'는 내 말 좀 들어달라고 울부짖는 곳에서, 우리는 이들의 언어를 적극적으로 찾아내 함께 읽고 서로 나눠야 한다. 그 말이 우리 삶과 어떤 관련이 있는지 살필 책임이 있다"라고 했다. 누군가의 통증에 몸으로 접속하는 행위가 봉사활동이다. 정 작가의 이런 행위는 몸으로 잘 표현한 몸 수필이 분명하다. 타인의 고통을 구경거리로 소비하는 소비자가 즐비한 시대에 빛나는 글이 아닐 수 없다. 삶에 공감하고 화답하는 게 글쓰기다. 타인의 고통을 살피는 게 글이다. 박수를 보낸다.

얼마 전 신문에서 '퇴직하면 뭘 하지? 80대 선배들이 알려준 지금 해야 할 3가지'란 기사를 읽었다. 80대 선배들이 노년에 찾아온 고독을 이겨낼 방법에 대해 3가지를 제시하고 있다. 첫째, 취미 활동을 한다. 둘째, 부부가 자주 대화한다. 셋째, 부부나 가족이 함께 여행한다. 인생에서 소중히 생각해야 할 사람으로 배우자를 꼽았다. 부부가 진지하게 대화하려면, 여행만큼 좋은 것이 없다. 승용차를 타고 이동하면서 자연스럽게 대화할 수 있다. 남편은 해결책을 일방적으로 제시하지 말고 아내의 이야기를 진지하게 경청하며 공감하며 한다.

노년의 행복, 먼 데 있지 않고 부부 사이에 있다.
-(「노년의 행복」 가운데서)

정 작가의 글은 기교를 부리거나 감성에 치우치지 않고 논리적이다. 결미는 삶에서 얻은 지혜를 치졸하게 장식하지 않고 고백 어투로 진솔하게 쏟는다. "노년의 행복, 먼 데 있지 않고 부부 사이에 있다"라는 결말에 정 작가의 인품이 그대로 투영되어 있다. 다른 문학과 달리 수필은 인품의 글, 삶의 글이다. 노년에 행복에 이르는 법을 인생의 선배가 한 말을 가슴에 새기고 곧바로 깨닫는다. 예술을 즐기며 자기감정과 생각을 만나다 보면, 내가 누구인지 알게 된다. 내가 어떤 사람인지, 무슨 일을 어떻게 해야 할 것인지, 아는 것처럼 상쾌한 일이 있을까. 이런 점에서 글쓰기는 캄캄함 내면을 조금씩 밝혀주는 등불이다.

지난주 현대차 퇴임 임원 몇 명이 함께 점심을 먹었다. 한 사람이 나에게 "자기 인생은 언제부터 살 거냐?"라고 물었다. 인생 후반기에도 자식들 뒷바라지하면서 나이 들어가고, 건강이라도 잃으면 인생을 즐길 수 없다는 의미로 한 말이다. 요즘 좋은 책을 많이 읽고 글쓰기에 몰입하고 있다. 마치 꿈의 시간을 사는 것처럼 행복하다. 이런 내 마음을 그는 읽어냈을까. 장석주 작가는 『글쓰기는 스타일이다』에서 "책 읽기는 유한한 시간과 공간을 넘어서서 우리에게 몇 겹의 삶을 살 수 있도록 해준다. 글쓰기는 자기 삶에 대한 발견이다."라고 했다.

> 삶의 경험이 들려주는 심연의 소리를 귀여겨듣고, 책과 더 많이 만나려고 한다. 내 삶의 전답에 글의 씨앗을 많이 뿌려 다가올 가을을 풍성하게 맞이하고 싶다.
> —(「글의 씨앗 뿌리기」 가운데 일부)

정 작가는 독서광이다. 책 속에 인생의 다양한 샛길이 존재한다. 고등학교 동창생이 만든 〈독한 친구들〉 모임에 꾸준히 참여하여 책을 많이 읽는다. 이런 내력이 정 작가의 글밭을 무성하게 한 건 당연하다. 독서는 일상의 틀에서 벗어나 내면을 맘껏 분출할 수 있는 신명 나는 놀이다. 이런 놀이는 글을 가지고 놀며 생각과 감정을 폭발하면서 내면의 자신과 만난다. 글을 쓰면서 삶과 끊임없이 대화하고 자신, 나아가 세계를 발견하는 통로를 만든다. 이 순간이 창조의 시간이며 미적·지적 놀이를 하는 시간이다. 이 맛을 체화하고 나면, 삶이 허기지지 않는다.

정 작가가 꿈꾸는 가을은 풍성할 수밖에 없다. "삶의 경험이 들려주는 심연의 소리를 귀여겨듣고, 책과 더 많이 만나려고 한다. 내 삶의 전답에 글의 씨앗을 많이 뿌리겠다."라고 했으니. 글의 씨앗이 알알이 발아하여 좋은 글로 반짝거리기를 응원한다.

> 시인의 묵히고 삭힌 사유의 언어를 어떻게 하면 스펀지같이 빨아들일 수 있을까? 읽고 또 읽고, 감정의 덩어리를 씹어가며 자기의 경험을 들춰내는 경지에 언제 이를 수 있을까?

> 이 가을, 운명 같은 시 한 구절을 찾아 영혼의 날개를 달고 비행하려 한다.
>
> -(「시 여행」 가운데서)

지나친 편견일까. 정 작가는 이과 출신에다 대기업에서 뼈가 굵은 탓에 생태적으로 시와 친밀할 수 없는 사람이다. 불리한 생태적 상황을 주위의 인문적인 사고를 풍성히 품은 사람과 관계 맺기를 하면서 극복한다. 대표적인 사람이 같은 회사에 근무하는 모 고문으로 정 작가가 글을 쓸 때 도움을 많이 주었다. 똑같은 시를 보고 모 고문은 깊이 사유하는 데 반해, 정 작가는 그 경지에 이르지 못한다.

> 강이 저토록 유유한 건/ 붙잡은 것 없이 흐르기 때문/ 우리 차마 흘려보내지 않고/ 묶어두려 했던 것 강뿐이었겠나/ 풍성한 잎 다 내려놓고서야/ 나무는 이름 字 木으로 쓰고/ 바람은 얽힌 매듭 하나 없이/ 방목한 행색으로 부유하더라/ 구름의 주소는 빈칸으로도/ 머물 곳 염려한 기색 없더라/ 강이 저렇게 편안한 것은/ 쟁여놓으려 한 것 없기 때문/ 우리 강처럼 흐르지 못하고/ 더부룩하게 체한 날 하루였겠나

이 시는 필자의 「강둑에 서서」이다. 정 작가가 이 시를 인용했으므로 소개하고자 한다. 들뢰즈는 "우리는 타자와 마주칠 수밖에 없는 유한자"라고 했다. 타자란 사람만 일컫는 게 아니다. 자연·우주·재물·사랑에 이루기까지 무한하다. 니체는 "우리는 어린아이가 되어야 한다. 어린아이가 되려면 기존의 가치를 망각해야 한다."라고 했다. 시인은 돈을 벌려고 시를 쓰거나, 자신의 이름을 널리 퍼뜨리려고

글을 쓰지 않는다. 탐욕과 탐심이 바람 잘 날 없는 날을 만들고, 분쟁과 갈등을 끊임없이 낳는 현실을 시인은 마음 아파하고 있다. 현실을 누구나 볼 수 있는 광장으로 끌어내 공감이나 연대의 끈으로 엮는 게 글이요, 작가의 책무 가운데 하나다.

다. 자연미

자연을 눈여겨보고 귀여겨들을 줄 모르는 사람은 사람이나 사회에 관심을 가질 수 있을까. 관아재 조영석의 그림 '이 잡는 노승'을 보면 이를 잡지 않고 털어내고 있다. 이것은 살생하지 않으려는 사유를 담고 있다. 이를 잡으며 당대 세상사를 얘기하며 태연히 웃은 사람은 진나라 왕장군이다. 우거진 회화나무 아래서, 흰 가사를 풀어헤치고 이를 잡는 사람은 선가 삼매의 경지에 달했을지 모른다. 똑같은 대상을 보고 어떻게 인식하느냐에 따라 색다른 세계를 구축할 수 있다. 삶은 해석의 영역이다. 수필은 문학적 장치를 통해 삶을 해체하거나 재구성하고 마침내 승화한다.

여러 팀이 함께하는 패키지여행, 시간적인 제약은 있지만 다양한 삶을 엿볼 수 있어 재미를 더했다. 새파란 하늘을 좋아하는 아내는 맑고 푸른 이국의 하늘을 보고 너무 만족했다. 손을 꽉 잡고 다녔던 길들, 서로 사진을 찍어 주며 웃었던 순간들, 행복감이 끊이지 않은 흑백 필름같이 추억으로 밀려온다. 여행을 건전한 일탈이라고 한다. 나를 둘러싼 온갖 제약과 틀에서 벗어나야 한다. 맨날 같은 시공간에서 사는 벗어나면 새로운 게 보인다. 우리 삶에 어느 것 하나 사소한 게 없다는 걸 새삼 깨닫는다.

창밖으로 보이는 아파트 화단의 이팝나무마다 꽃이 고봉으로 피었다. 전국에 걸쳐 비가 온다는 기상예보와 달리 하늘이 푸르다.
－(「새파란 아내의 하늘」 가운데서)

정 작가는 7박 9일 동안 아내와 함께 스페인을 다녀온다. 여행을 통해 제약과 틀을 깨면 새로운 게 보인다는 걸 체험한다, 나아가 우리 삶 가운데 어느 것 하나 사소한 게 없다는 절대 진리를 각성한다. 이런 체험과 각성이 문장을 깊이 있게 만들고 글 향기를 그윽하게 풍기게 한다. "꽃이 고봉으로 피었다"라는 표현은 시인의 낯을 뜨겁게 만드는 절창이다.

김영하 작가는 『여행의 이유』에서 "스토아학파의 철학자들이 말한 것처럼 미래에 대한 근심과 과거에 대한 후회를 줄이고 현재에 집중할 때 인간은 흔들림 없는 평온의 상태에 근접한다. 여행은 우리를 오직 현재에만 머물게 하고, 일상의 근심과 후회, 미련으로부터 해방시킨다"라고 했다.

낯선 곳에서 일상의 분주함과 평이함을 지우고 닳아진 설렘을 찾았던 시간. 당연한 사람이라고 여긴 아내에 대한 소중함을 발견했던 시간. 다른 문화의 속살을 직접 느끼며 문화의 지평을 넓혔던 시간. 마침내 감사의 언덕에서 삶이 숙연해지는 것을 느낀 시절이었다.
－(「일상의 탈출」 가운데서)

이 글은 아내와 함께 일본을 여행하고 쓴 글이다. "여행은 우리를 오직 현재에만 머물게 하고, 일상의 근심과 후회, 미련으로부터 해방시킨다"라는 김영하 작가 말을 인용하고 있다. 백미는 다음 글에 나온다. "낯선 곳에서 일상의 분주함과 평이함을 지우고 닳아진 설렘을 찾았던 시간. 당연한 사람이라고 여긴 아내에 대한 소중함을 발견했던 시간. 다른 문화의 속살을 직접 느끼며 문화의 지평을 넓혔던 시간. 마침내 감사의 언덕에서 삶이 숙연해지는 것을 느낀 시절"이란 문장은 밑줄을 몇 번 긁어도 질리지 않을 성싶다.

"신발처럼 꼭 맞는/ 사이가 있다면/ 있어도 없고/ 없어도 있는 게다// 허리띠처럼 딱 맞는/ 사이가 있으면/ 없어도 있고/ 있어도 없는 게다// 흙이 썩으며/ 비로소 이룩하는 열매/ 부부로 사는 건/ 속 썩여가며// 저울 없는 마을에서/ 서로의 크기와/ 서로의 분량을/ 맘대중으로 맞추는 거다"

-(필자 시 「부부로 사는 것」 전문)

결혼은 인생에서 가장 긴 여행이다. 누구나 집을 떠나면 어른이 된다고 한다. 다만 나이에 걸맞게 어른이 되는 걸 꺼린다고 한다. 기록하지 않은 삶은 성찰과 객관화가 부실하다. 정 작가의 고백이 우리에게 울림을 깊이 주는 것은 이런 절차를 성실하게 이행했기 때문이다. 한마디로 잘 사유하고 잘 살고 있으므로 가능하다.

반려견을 가족으로 받아들이는 인식 변화가 필요하다. 늙고 병든 반려견을 지켜주는 반려윤리를 정착해야 한다. 시민에게 피해를 주지 않으면서 반려견과 함께하는 산책 에티켓을 지켜야 한다. 식물원, 식당, 콘도 등

다중시설에서 반려견이 입장하도록 허용해야 한다. 이에 대한 법안과 시설을 만들어야 한다.

루이야! 더 좋은 세상이 언제가 올 거야.
─(「막내딸 루이」 가운데서)

정 작가는 반려견 루이를 막내딸로 여긴다. 루이는 정 작가가 세 번째 기르는 반려견이다. 첫 번째는 코카스파니엘 '산세'다. 큰아들이 대학 다닐 때 동아리방에서 키우던 유기견이다. 동아리방을 폐쇄하면서 집으로 데려와 함께 살았다. 산세는 아파트에서 키우기에는 덩치가 너무 컸다. 시골 처가에 맡겼는데, 몇 개월 후 홍역에 걸려 죽었다. 두 번째는 말티즈 '미미'다. 덩치기 작고 시나웠다. 5년쯤 키웠는데, 신장염이 걸려 유명을 달리했다. 지금 기르는 '루이'는 아내가 유기견 센터에서 데려왔다.

대부분 반려견이 세상을 떠나면 트라우마 때문에 다시 기르지 않으려는 사람이 많다. 정 작가 가족은 다른 사람이 버린 유기견을 입양하여 계속 기르고 있다. 생명에 대한 존엄성이 없으면 불가능한 일이다. 루이에게 더 좋은 세상이 오는 것은 우리에게도 더 좋은 세상이 온다는 것과 다를 바 없지 않겠는가.

공자는 마구간에 불이 나자 사람은 괜찮냐며 사람을 먼저 챙겼다. 고기를 잡을 때는 주살질은 하여도 그물질은 하지 말라고 했다. 알을 품고 있는 새 둥지를 향해 화살을 쏘지 말라고 일렀다. 루이를 기르면서 가슴을 새삼 적시는 말이다.

막내인 딸 루이와 함께 산책길을 나선다.
                                         ―「루이와 함께 산책을」 가운데서

    정 작가의 생명존중 사상은 「루이와 함께 산책을」에서 구체적으로 드러난다. 『논어』에 나오는 공자의 말을 인용하고 있다. 지식은 머릿속에 가둬두면 썩은 물과 같다. 아는 것은 깨닫고 행동해야 비로소 완성된다. 공자가 한 말을 루이를 기르면서 가슴 적시도록 깨우친다는 것이다. 그냥 '루이'라 하지 않고 '막내딸 루이'라고 한 부분에서 정 작가의 루이 사랑이 얼마만큼 지극한지 알 수 있다. 개를 사랑하는 마음이 이러할진대, 사람과 사회, 자연을 흠모하는 작가의 마음이 얼마나 깊고 따뜻한지 가늠할 수 있다.
    '낯설게 하기'는 문학의 본질이다. 우리는 하루 세끼 똑같은 음식을 먹으면 금방 질린다. 이것이 문화의 숙명이자 문학의 숙명이기도 하다. 질린 음식 대신에 새로운 먹거리를 바라듯이 문학이 우리 삶에서 필요하다. '오에 겐자부로'는 "일상적이고 실용적인 말이 낯설게 하기를 통해 문학적 표현이 된다" "막내인 딸 루이와 함께 산책길을 나선다"라고 매조진 것은 반려견 '루이'에게 인격성을 부여함과 동시에 영원히 함께하겠다는 의지를 드러내고 있다.
    아리스토텔레스는 『윤리학』에서 벗을 세 부류로 나누었다. 첫째, 즐기려는 벗. 둘째, 이용가치가 있는 벗. 셋째, 선과 덕을 바탕으로 한 벗이다. 벗은 참된 의미의 '길벗'이라야 참된 벗이다. 벗만 그러하겠는가. 반려견 '루이'를 정 작가는 생명의 벗으로 진실하게 여기고 있다.

Ⅲ

지금까지 정 작가의 수필을 인간미·사회미·자연미로 나누어 맛보았다. 삶에서 글이 태어나고 글은 삶을 어루만진다는 점을 고려하면, 이렇게 분류하는 게 오히려 도식적일 수 있다. 글은 잘 쓰는 것보다 잘 느끼게 하는 게 중요하다. 정 작가의 글은 잘 썼다기보다 잘 느끼게 한다. 어쭙잖게 기교를 부리거나 다른 사람 흉을 내지 않고 글을 쓴다. 그래서 글이 맑은 샘과 같고 티가 없는 비단과 같다.

남도 사람이 즐겨 먹는 젓갈은 짜지만, 죽은 입맛을 살리고 멀리 달아난 입맛을 당기게 한다. 김치를 비롯해 모든 음식 맛을 결정하는 게 젓갈이다. 젓갈은 오래 삭힐수록 맛이 난다. 젓갈은 대중적인 찬은 아니지만, 남도에서는 기본적인 찬이다. 우아하고 화려한 문장이 좋은 글의 전범이 되고, 이를 따라 하는 게 대세인 시절이다. 정 작가는 이런 추세에 편승하지 않고 자기만의 삶을 자기만의 문장으로 엮어 글을 쓴다. 그래서 글이 간간하고 맛나다.

정 작가가 글을 쓰게 된 동기와 작가로 등단한 과정. 나아가 작품집을 낸 일련의 상황을 누구보다 가까이에서 지켜봤다. 정 작가의 수필 평을 처음에는 권위 있는 평론가에게 부탁하려고 했다. 누구보다 정 작가를 잘 아는 사람으로서 부족투성이지만, 써야겠다고 용기를 냈다. 젓갈은 먹어 본 사람이 그 맛을 아는 법이다. 정 작가의 책이 나오면, 정 작가와 함께 남도에 있는 젓갈 정식집에 들러 따신 고봉밥을 한 그릇 비우고 와야겠다.

정 작가의 첫 작품집 발간을 축하하며, 앞으로 작가로서의 길을 해찰하지 않고 보행하길 바란다. 여태 그랬던 것처럼. 요즘 수필을 쓰는 작가가 많다. 이에 비해 수필을 정성껏 읽는 독자는 드물다. 그 밥에, 그 나물이라는 생각을 많이 지녔기 때문이다. 전국적으로 이름난 맛집의 공통점은 우선 음식 맛이 좋다. 조리하는 과정이 위생적이며 손님에게 친절하다. 이 원리를 수필에도 적용할 수 있다. 좋은 수필은 우선 맛이 있어야 한다. 정창원 작가의 수필은 3味가 존재한다. 바로 인간미·사회미·자연미가 어우러져 있다.

수사가 결핍된 문장은 건조하여 낯설게 하기가 어렵고 생동감이 일지 않는다. 오용하거나 남용하면 천박하게 보인다. 정 작가는 작가로서 때가 묻지 않은 어린아이 같은 마음과 인품을 지녔다. 이런저런 조미료를 넣어 문장을 부리지 않고 순수함을 있는 그대로 드러낸다. 맛으로 치면 담백하고 여운이 남는다. 잘 쓴 글은 자기 잘난 맛으로 쓴 글이지만, 좋은 글은 독자를 최대로 배려하면서 쓴 글이다. 한마디로 독자를 친절하게 대해야 한다. 이런 맛을 갖춘 게 정 작가의 수필이다.

무작정 땅을 파는 것같이 글쓰기를 하면 무용하다. 세련되게 땅을 잘 파는 사람보다 몰입하여 깊이 파는 사람이 이무럽다. 이런 수필이 좋다. 어느 집이나 젓갈 하나쯤 장독이나 냉장고에 보관하며 산다. 정 작가의 수필집을 책장의 장독에 한 권 꽂아두고 맛보기를 바란다. 살다 보면, 삶의 맛이 우울해질 때가 있다. 삶의 밥맛이 떨어져 입맛이 도통 돌아오지 않을 때도 있다. 이런 날, 한 가닥씩 꺼내 씹으며 간을 보라. 살맛이 비 온 뒤 죽순같이 푸질 것이다. 마침내 그대의 삶이 오지게 탱탱해지고 말리라.

끝으로 정 작가에게 『법구경』에 사는 말을 한 구절 조심스럽게 들려주고 싶다. "육중한 바위가 바람에 움직이지 않듯, 지혜로운 사람은 다른 사람이 하는 칭찬이나 비난에 흔들리지 않는다"(제81장) 독자가 정 작가의 글을 어떻게 생각할까 하는 데 집착하면, 수필을 쓰는 게 부자유하고 무거워 타자 지향의 늪에 빠진다. 정 작가에게 맞는 신발을 신고 허리띠를 매야 심신이 자유스럽지 않겠는가. 삶과 글이 마침내 반짝이지 않겠는가.

정창원 수필집
아버지의 뒷모습

인쇄 2025년 1월 20일
발행 2025년 2월 01일

지은이 정창원
발행인 서정환
펴낸곳 수필과비평사
주소 서울시 종로구 삼일대로 32길 36(익선동 30-6 운현신화타워 빌딩) 305호
전화 (02) 3675-3885, (063) 275-4000 · 0484
팩스 (063) 274-3131
이메일 sina321@hanmail.net essay321@hanmail.net
출판등록 제300-2013-133호
인쇄 · 제본 신아출판사

저작권자 ⓒ 2025, 정창원
이 책의 저작권은 저자에게 있습니다. 서면에 의한 저자의 허락없이 내용의 일부를 인용하거나 발췌하는 것을 금합니다.

저자와 협의, 인지는 생략합니다.
잘못된 책은 바꿔 드립니다.

ISBN 979-11-5933-567-9 03810

값 15,000원

Printed in KOREA